詩《し》吟《ぎん》女《じょ》子《し》

改訂版

センター街の真ん中で名詩を吟ずる

・乙津理風
otsu rifu

春秋社

まえがき

■詩吟とは？

詩吟とは、「吟詠」とも言い、漢詩・和歌・俳句などの古典の名詩を、大きな声に出して読み、その語尾の母音を長く伸ばし、独特の節をつけて歌う日本の伝統的な歌唱法です。幕末から現代にかけて庶民の間で絶大な支持を得てきました。

古典の詩を声に出して味わう、表現するという意味では、**文学の鑑賞方法の一つであり、特殊な文芸スタイル**とも言えます。詩吟は元々、音楽的な「歌」としてではなく、学問や精神修養のために始められました。

詩吟が起こったのは江戸末期。漢学の勉強のため、江戸の学問所や藩校、私塾などで漢詩を声に出し、節をつけて読むことが推奨されたことが始まりと言われています。テキストの少なかった時代には、それを声に出して読み、体得してしまうことが最も有効な勉強方法でした。

また、詩吟は「**吟道**」とも言い、武道や書道、茶道、華道などと同様に礼儀や精神面も重んじられます。**姿勢を正し、腹から声を出して古典の詩を吟じることで、自然と教養が身につき、精神の向上と健康の維持に役立つ**とも言われてきました。実際に、激動の時代を生きた維新の志士たちは、自らを鼓舞するため詩を作り吟じていました。

といっても、そんなに堅苦しいものではありません。特別な道具もいらず、時間も場所も取らない、手軽にできる和のお稽古として、誰でもすぐに吟じられるようになります。

現在、日本全国には詩吟の流派が二百以上あると言われており、その吟じ方、楽しみ方はさまざまです。しかし、流派は違えど詩吟の題材となる詩は古典の名詩と決まっていて、これまで多くの日本人によって吟じ継がれてきました。

詩に宿ると言われている**詩魂**は、常に日本人の精神性を高めてきました。

そのような先人の魂のこもった名詩・名歌を大きな声に出して吟じると、ストレスも発散できて、自然と落ち着いた気分になり、お腹の底からエネルギーが満ち満ちてきます。

そして何より**集中力**が身につくのです！

■ナチュラル詩吟教室

私は、両親の影響で五歳から詩吟を始め、二十代より渋谷センター街のカラオケボックスの和室で、プライベートレッスンを中心とした「ナチュラル詩吟教室」を始めました。現在はカラオケボックスを卒業し、千駄ヶ谷を拠点に教室を開講しています。

生徒さんには、学生、主婦、サラリーマン、国語教員、大学教授、マナー講師、ラジオレポーター、ボーカリスト、タレント、医師の方など、年齢は四歳から八十代まで幅広い層の方がいらっしゃいます。

なぜ詩吟に興味を持ったのか聞いてみると、「声を大きくしたい」「ずっと続けられる趣味が欲しい」「和式ボイストレーニングを体験してみたい」「国際人として日本の伝統を身に付けたい」など理由はさまざま。

特に最近では若い世代や、女性層からの注目が大きくなっていると感じています。もちろん、彼らのほとんどはこれまで詩吟に出会ってこなかった未経験者です。

それではなぜ、今まで詩吟を知らなかった多くの生徒さんが、詩吟にはまってしまうのでしょうか？

その理由の一つに、**詩吟独特の歌唱法によって、自分でも知らなかった〝自分の声に出会う〟**ということがあります。

「ナチュラル詩吟教室」では、音程やリズムが合っているか、美声かどうかは二の次で、まずは吟じる人の持っている**地声で大きな声を出す**、**自らの殻を破る**、というところから始めます。

たとえば吟じる題目は、千年以上も前に作られた柿本人麻呂の和歌であったりします。詩吟の世界の中で、普段の生活では出会わない詩に出会って、それを何度も吟じることによって内側から響く新たな自分の声に出会う。

新たな自分に出会うことと、日本人のルーツに出会うことが時を超えてぶつかり合い、重なり合うのです。それが、詩吟の楽しみでもあります。

■本書の楽しみ方

この本では、一月から十二月までの十二章構成で、月ごとのテーマに沿った**現代の日常の中で吟じたい詩**とその作者、作られた背景、その詩の吟じ方を紹介しています。

また、序では、詩吟に関する質問とその回答、コラムでは、詩吟による日常生活におけるメリット、巻末には、簡単に大きな声が出る発声法について解説します。

さらに、掲載の詩吟の一部をインターネット上で公開していますので、合わせてご鑑賞ください（巻末のQRコードをご参照ください）。

もし、詩吟をやってみたいと思われましたら、生の詩吟を聞き、稽古をつけてもらうことをお奨めします。日本全国には多くの詩吟教室があり、吟じ方や考え方、発声方法など本書と異なる教室もあると思いますが、美しい名詩を声に出すという楽しみは同じです。

ぜひ、新たな扉を開いてみてください。

詩吟女子――センター街の真ん中で名詩を吟ずる

目　次

まえがき i

詩吟女子——センター街の真ん中で名詩を吟ずる

序——詩吟をより楽しむための10の質問

質問1
詩吟はいつからはじまったの？……詩吟の歴史

答え
江戸末期です。

■詩吟の起源

詩吟で吟じられる詩のほとんどが漢詩です。漢詩の最も古いものは『詩経《しきょう》』で、中国で約三千年前に生まれた「うた」です。うたわれるため、一句の字数を定めて配置する文字の組み合わせが厳しく制約され、語調が整えられました。もともと音楽に合わせて歌ったもので「詩楽《しがく》一致《いっち》」でした。

秦の始皇帝が命じた焚書律《ふんしょりつ》（医学・占い・農業以外の書物の所有を禁じた令）に伴い、楽譜をなくしてしまったことをきっかけに、楽器に合わせて歌う詩（楽府）と、楽器なしでただ吟詠するための詩という二つの形式が生まれました。

唐代には、後者の、言葉の発声によるメロディーに重点をおいたいわゆる作詞家、李白《りはく》、杜甫《とほ》、王維《おうい》、白楽天《はくらくてん》など、有名な詩人が輩出され、盛んに自作の詩が吟じられました。日本語に読み下された彼らの漢詩は、現代でも詩吟においてよく吟じられています。

日本でも、平安時代までは詠む歌と歌う歌とがまったく一致していました（作り手と歌い手が同一ということ）。それが平安時代になって、詠む歌は和歌や連歌となり、歌う歌は今様《いまよう》、催馬楽《さいばら》、朗詠《ろうえい》という風に自然にわかれたようです。ここでいう朗詠とは、漢詩に節をつけて声高く朗々と吟詠することで、詩吟の起源ともいうべきものです。

しかし、この頃はまだ現代で行われる楽器を伴わない詩吟のようなものではなく、楽器に合わせて「歌って」いたようです。

■詩吟の発生

現在日本で吟じられている詩吟の基となるものは、江戸時代末期、江戸幕府の昌平黌《しょうへいこう》という学問所が起源とされています。そこでは、漢学の勉強において漢詩を素読《そどく》（朗読）する際に、特有の節をつける吟詠（＝詩吟）が推奨されていたのです。

　昌平黌には、各藩から学問を志す多くの学徒が集まっていました。そこから詩の吟詠法が全国各藩に持ち帰られ、さらにそれぞれの藩校でも、漢学を学ぶために声に出して読む、独特の節をつける、といった詩吟スタイルが口伝されていきました。

■詩吟の歴史

　明治時代や第一次、第二次大戦中には、自らを律するために、戦国時代の荒々しい漢詩や、明治維新に活躍した志士たちの覇気に満ちた漢詩が愛吟されました。

　戦後の占領下には、GHQの指令により、軍国主義の象徴としていったん排除されました。しかし、詩吟は軍国調のものではなく、東洋の聖賢の教えであるという主張のもとに、マッカーサー司令部の理解を得て詩吟は再開されました。

　その後、全国規模の大会も開催され、レコードも次々と全国発売されました。

　一方で、漢詩以外にも和歌や俳句、新体詩《しんたいし》に符付けがされ、新しい詩吟の楽しみ方も生まれました。

質問2
詩吟に決まった型はあるの？……詩吟の吟じ方

答え
あります。

■詩吟の型

詩吟にはほぼ決まった型があります。なぜなら、詩吟で吟じられる詩が、漢詩、和歌、俳句などの**定型文**、**韻文**であるからです。

詩吟で吟じられる漢詩の多くが**七言絶句**《しちごんぜっく》（七文字四句）、次いで**五言絶句**《ごごんぜっく》（五文字四句）です。

これら四句は、内容が**起承転結**で構成されており、それぞれの句に吟じ方の型があります。

例……五言絶句（「胡隠君を尋ぬ」／高啓／第2章掲載）

一句目　渡水復渡水＝起句（水を渡って）

二句目　看花還看花＝承句（花を見て）

三句目　春風江上路＝転句（道を歩いたら）

四句目　不覚到君家＝結句（君の家だった）

歌い始めと終わり（一句と四句）は基音に始まり、基音に帰ると決まっています。二句目は承句。起句を補うような内容ですので、テンポを速め目立たぬようさらさらっと吟じます。そして三句目、転句。内容も転じて、一気に盛り上がります。高音、強吟《きょうぎん》、声を張り上げ高い音で吟じます。そして四句目、結句。一句目と同じく基音で終ります。転句よりも盛り上げていかにも豪華に終らせることもあります。

和歌（短歌）は、五七五七七の本文を二回繰り返して一吟となります。一回目は序詠《じょえい》といって基音から始まり、さらさらっと吟じます。二回目は本詠《ほんえい》。声を張り上げ高い音で吟じます。俳句は、上の句の五音を高く張り上げ、下の句の七五を二回繰り返します。そしてその二回目をやや長めに強調して吟じます。

漢詩も和歌も俳句も言葉の数が決まっているので、音節的なメロディーも何パターンかに固定されており、いくつかのパターンをつかんでくると、いろいろな詩を声に出して楽しむことができるようになってきます。

■詩吟の譜面

詩吟には一応譜面がありますが、五線譜のようにドレミが書いてあるわけではなく、縦書きの詩文のわきに、上げ下げの符号である横に伸びた棒やら上に向いた三角やらがあり、揺らし方の記号であるうにょうにょした線やらが書いてあります。しかし、流派によってはそのような符号もなく、譜面は詩文のみというところもあるようです。

つまり、口伝が基本ということになります。

■吟じ方のスタイル

一人で吟ずる「独吟《どくぎん》」が基本です。複数人で各パートを順に吟ずる「連吟《れんぎん》」や、合唱のように声を合わせる「合吟《ごうぎん》」というものもあります。

無伴奏が基本ですが、琴や尺八による伴奏を付けることもあります。近年には、あらかじめ録音されたCDによる伴奏も普及しました。

ある程度の規模の公演においては、構成吟《こうせいぎん》が行われることもあります。これは、特定の主題のもとに複数の吟目が組み合わされ、ナレーションやBGM、舞台照明といった演出にも工夫が凝らされる総合的な舞台芸術です。

また、詩吟に合わせて舞う詩舞や剣舞というものもあります。吟じている詩をその場で書道家が書にする書道とのコラボレーションは「書道吟」、お茶を点てている横で吟じるのは「茶道吟」、お花を活けている横で吟じる「華道吟」というのもあります。

質問3
詩吟にも流派があるの?……吟じ方の違い

答え
あります。

■詩吟の流派
詩吟の流派は二百以上あると言われています。かつて詩吟が起こった所より弟子が独立して新たに宗家を名乗り、一流を立てることが多く行われました。盛んな時期は全国十万人規模の組織を有する流派もある一方で、十人~二十人規模のきわめて小規模の流派も多くあるようです。

■吟じ方の違い
流派の違いは吟じ方の違いです。つまり、流派の数だけ吟じ方が異なるということになります。キレイな声で吟じることが優先される流派や、こぶしをコロコロとたくさん転がすことが美徳とされる流派などさまざまです。ただ、吟じられる題目は、漢詩であればほとんど同じです。

質問4　詩吟と民謡との違いは？……詩吟は一人一人の心の中に響くもの

答え　詩吟は一人、民謡は集団。

■詩吟と民謡の違い

詩吟と民謡の決定的な違いは歌う題材です。詩吟は漢詩・和歌・俳句などの詩人が作った文芸。民謡は労働歌が基本で作者不明のものも多い。

民謡はもともと各地方で労働のため、みんなが息を合わせ、力を合わせるために生まれた歌です。民謡歌手のように一人で歌ったりもしますが、基本的にはみんなで歌うもの。どちらにしても分かち合うものです。つまり、民謡はみんなのものなのです。

それに対して詩吟は、一人一人が古典の文学を鑑賞・習得するために生まれた歌です。詩吟は基本、ソロであり、合唱ではありません。吟者一人がどんな風に吟じても、誰も合わせる必要はないのです。つまり、詩吟はみんなで盛り上がるものではない。吟者や聞く人それぞれが好きなように感じることができるのです。

質問5
大きな声が出ないとだめ？……心を打つ詩吟

答え
大きな声が出なくてもいいんです。

■無理なく気持ち良くが基本

自分のできる範囲で無理して力んだりせず、気持ち良く声を出すことが基本です。身体を響かせるような吟で、聞いている方も身体で感じるような吟が良い。大きな声でなくても響く声は、聞いていて鳥肌が立つことがあります。

■自分がいなくなる感覚

始めは思うように声が響かずモヤモヤしたり、「自分には合わない」と放りだしたくなることがあります。始めはできなくて当たり前。少しずつマイペースでいいので続けていくことができればＯＫです。

型をなぞることを頭で考えず身体を波に乗せるように繰り返し行っていく。集中力がピークに達すると今度は自分がいなくなる感覚を得てきます。そして「菜の花や―」と吟じていれば菜の花畑が見えてくる。一瞬にして異次元が表出してくる。吟者にしか見えませんが、それでいいのです。みんなに見せようとしなくていい。目の前に菜の花畑を見ている人がいる。その異界感が神秘的で人の心を打つのだと思います。

そもそも日本語に節をつける「歌」のルーツは、祈りであり、神様に通じる特別な言葉として、日常会話とはちょっと違った節をつけたのが始まりです。歌の語源は「訴う」と言われています。神様の心に訴えるのが歌なのです。この歌の節は、無意識的に生み出される波のようなゆらぎであり、異世界との交信の役割を果たすのです。

母音の拡張に身を任せ、これまで脈々と歌い継いできたご先祖さまのパワーを借りているつもりで吟じていると、自信がふつふつと沸いてきて、自分でも気がつかなかった新たな声が出てくることがあります。

質問6

詩吟で元気になれますか？……詩吟の効用

答え
なれます。

■詩吟でスッキリ

・無心で声を張り上げるのはとても気持ちいいです。
・身体が喜んでいるのを感じます。
・快感です。
・スッキリします。
・元気になります。
・身体のコリも毒素もストレスも声と一緒に吐き出します。
・深〜い呼吸をしますので、心も落ち着いてきます。
・腹式呼吸で内臓機能が活発になります。
・便秘も解消されてお肌もツルツルです。

詩吟を聞いたことがない人でも「声を出すのは健康にいいのよね」と言ってくれます。発声の気持ち良さ＝身体に良い、と感じることは誰もが体験したことがあると思います。

老いに伴い、声を出す機会が減り、声から老化していく。使わなければ声の機能は退化していってしまいます。しかし、日頃から声を出すことによって、声の退化を食い止め、さらに深い呼吸で身体の新陳代謝を高め、健康の維持につながります。

また、最近の若い人の中には、大きな声を出す機会が減ってきている人も多いのではないでしょうか。詩吟で今まで出したこともないような大きな声を出してみることによって、自らの殻を破り、外へ出ることや、コミュニケーションへの自信がつき、ストレスを溜めない身体＝健康な身体を保つことができます。

質問7

詩吟の上手下手の基準はありますか？……日本らしさ、詩吟らしさとは？

答え

ありません。あるとすれば、誠実さ。

■一生懸命な吟

一生懸命やっている詩吟はたとえ音がちょっとはずれても、声がガラガラしていても感動します。自分のできる精一杯で挑む。その気迫が伝わって感動するのです。

発表会などで、そういう人をみつけると全然知らない人でも、「よかったです」と思わず声をかけたくなります。何がどうよかったのかはうまく説明できません。

上手くやろうと思うと逆に緊張したり、不自然な吟になってしまいかねません。たとえ上手くできなくとも、精一杯やろうという誠実さのようなものが良い吟につながるのです。

■怒鳴る声はNG

ゆでだこのように真っ赤にして、首筋の血管をはちきれんばかりに、街の騒音をもかき消す大声で歌う、いわゆる怒鳴る声はいけません。

詩吟は「吟道」とも言って、道の世界です。冷静さを失っては後ろから斬られてしまいます（……昔だったら）。どんなときだって平静を装わなければならないのです。身体の力を抜いて気を集中させます。内に秘めたる力で吟じる。これが日本らしさ、詩吟らしさです。

質問8
情感が伝わるような詩吟はどうやって吟じるの?……詩吟の抑揚

答え
抑揚をつけます。

■強弱緩急の付け方

一吟の中の強弱緩急(抑揚)は非常に細やかな変化であって、論理的に伝えている術もないので、何十年も吟じている間に知らぬまに体得しているといった感じです。逆に始めたばかりの段階でそこを意識してしまうと、力の抜き差しばかりが気になってしまい、肝心な核(中心への力、丹田《たんでん》)がゆるんでしまいます。そうすると詩吟そのものがくずれてしまうので注意が必要です。

さて、それではどうやったら強弱緩急がつくのでしょうか。

大はどんどん出して行けばいいのですが、小はわざと小さくしてはいけません。ゆるめる、おさえる、のではなく、基本の状態からさらに肚《はら》へ力を加える。声のボリュームを増幅させることで、その差としての大小を生みだしていきます。波が自然と寄せてはかえすように流れるように大きくなったり小さくなったりするイメージです。

これをすると吟じている方も聞いている方も同じ流れに乗っかって大変気持ちよい共感覚のようなものが生まれます。聞いている方は自ずと吟者の呼吸に合わせてしまいます。吟者の呼吸が不自然だとつらいし、波のように心地よければ、その身を委ねるような心地よさが感じられます。

■色気のある詩吟の吟じ方

このような流れができてくると、さらに感情に訴えかけるような抑揚のある詩吟が吟じたくなってきます。

いわゆる色っぽい詩吟というものです。

しかし、いかにもこれが色っぽいだろうと猫なで声のような何かに媚びたような声や、悲しい内容の詩吟なら悲しい気持ちになって吟ずればいいかというと、そのような詩吟は嘘っぽく、とても感動には及びません。

なぜなら、普段感情を吐露してしまう時というのは、悲しい気持ちになってやろうとか、媚びてやろうとか、用意してからするわけではなく、自ずとでてきてしまうものだからです。ですので、感情をつくってから吟ずるのでは不自然です。

そこで型から入ります。型から入るとは、自分がいいなと思う人や師匠の詩吟をよく聞いて真似することです。よくよく聞いてみると、色気のある、感動的な詩吟は、ぱっと聞いたときには気付かない、細やかなボリュームの変化が幾重にもくり返され、波となって構成されていることに気付きます。

「し」とか「つ」とか「は」など音にならない言葉を、どれだけ息を交えて言うか、普段何も考えず、話しているときにはできているのに、いざ吟じようとすると、言葉をバラバラにしてしまい文字一つ一つをただ音にしているような、「なーのーはーなーやー」といった幼稚な吟じ方になってはいないか。そのような細かい技術に気を配ることで格段に言葉は伝わるようになります。

このようにして、わざわざ感傷的にならなくとも色気のある吟を演出することができるようになります。

質問9
自分で詩をつくって吟じないの？……古典の力

答え
基本的につくりません。

■口語と文語

夏の暑い日。母の稽古場へ行くと、小学一年生のTくんが漢詩の詩吟のお稽古をしていました。俳句は吟じたことがなかったようなので、「俳句って知ってる?」と彼に聞いてみると、ちょうど昨日、学校で俳句作りの授業があり大いに盛り上がったとのことでした。

じゃあつくってみようか、とまずは私が思いの丈を大きな声で吟じてみました。

「暑いよね〜アイスクリーム〜食べたいな〜あ〜」

しかしTくんに「それはちがう」とぴしゃりと言われてしまいました。

あまりの暑さと、Tくんの共感を得たいばっかりに良かれと思って吟じたのですが、これがどうやら間違いでした。

どうしてでしょうか。

そもそも詩吟は、文学の鑑賞方法の一つでもあります。咄嗟に口をついた言葉は話し言葉（口語）になってしまいます。文学であるならば、文語（読み言葉）であるべきです。それをあえて大きな声で歌い上げるのが詩吟です。現代の話し言葉が入ってくると急に恥ずかしくなってしまいます。それでは充分に楽しめません。

つまり、詩吟で吟じる詩とは、声に出して読んで耐え得る強度をもった優れた文学作品でなければなりません。

■古典と新作

それでは、詩吟で吟ずるのは古典文学ばかりなのか、というとそうでもない。近代の俳句でも和歌でも、文語であり、全身を使って大声で吟ずるのに適しているとか、そうしてでも味わいたいと思えるものなら時代は問わないと思います。

古典芸能とか伝統文化というくくりにあると、その扱う題材や表現の幅をいかにも狭めてしまいそうに思われがちですが、伝統文化とは、方法を受け継ぎながら常に新しい作品を生み続けることにあるようです。

そもそも古典として語り継がれるものはどのようにして生まれたのか。上方落語の名跡で、人間国宝にもなった桂米朝師匠の著書『落語と私』（文藝春秋）という本の中で、古典落語と新作落語について次のように書かれています。

その落語の筋やらサゲは既によく知っていて、その芸を味わおうとし、あのおもしろさをもう一度……、となってくることによって、落語が古典と呼ばれる芸になってゆきました。能狂言や歌舞伎や文楽が、おなじ演目を何百年もくり返して上演しているのと同じことになったのです。同じ演目を別の人で聞くとまた違った味が、違ったおもしろさがあって、師匠から弟子へと落語は受けつがれてゆき、すこしずつ変化しながら時代とともに歩んできたわけです。

新作はつぎつぎと今日でも生まれています。しかし、十年、二十年の上演に耐え得る作品はやはり少ないようです。

古典もはじめは新作であったという言葉があります。たしかにその通りなのですが、テーマやストーリーや狙いや、味におのずから差があるのは当然で、長い年月にわたって幾人もの人の工夫と、時代の波に洗われ、押し流されながら、何とか適応しつつ残ってきた古い落語には、それだけの力と深味があります。（中略）わたしは新作落語がつまらないからやめろなどとは申しません。わたしもいくつか創りもし、手がけもしました。そしてわたしはなるべく多数の人の手によってその作品が口演されることを望むのです。新作が出なくなったらやはり落語はいけないと思います。その時代でなければ創れないテーマがあります。それととり組む人が常にいて、その時代の新しいお客にぶっつけて新しい笑いと新しい話術を創造していってこそ、落語は大衆芸能として存在できるのですから。そして事実、過去の歴史もそうでありました。

詩吟は落語のような大衆芸能ではありませんが、大衆の趣味として同じように考えることができます。まずは詩吟でよく吟じられている古典となっている詩を吟じてみる。これを基本として、それからどんどん近代や現今の作品を味わうために吟じてみる。ゆくゆくは自身で詩をつくって吟じてみてもよい。伝統を踏まえ、声に出して吟ずるに耐え得る美しい日本語を使った良き詩を創作して吟ずる。そしてそれを吟じる人が増える。そうして古典となる。そんな詩吟の楽しみ方があってもよいかもしれません。

質問10
詩吟が吟じられるようになるにはどれくらいかかる?……詩吟上達のコツ

答え
一日もあればできちゃいます。

■三十分で吟じられちゃう?

初めてなのにたった三十分で吟じられちゃう人もいます。

詩吟は普段出さない声を出して、短い詩を大まかなメロディーにそって声を出せばできあがり。基本の型はとってもかんたんです。

それでは完成はどこにあるのか。

一年やっている人も三十年やっている人も、たった一分半〜二分程の完成を目指して吟じ続けています。詩吟にゴールはありません。それは、それだけずーっと長ーく、年をとっても楽しめるものということでもあります。

■人前で吟じると六倍上達する

生徒さんには、ご家族でもお友達でもいいので、どんどん人前で吟じることをすすめています。なぜなら、詩吟は**人前で吟じると六倍上達する**と言われているからです。

「ちょっと聞いてくれる？」とお願いしてみる。宴会や送別会で披露してみる。舞台に立てる機会があったら立つ。その一回で驚くほど上達します。

なぜか。詩吟とは自分を解放する勇気を持つことだからです。人前で吟ずることでその壁が破れます。そして、自分自身でも思ってもみなかったパワーが発揮されるのです。

ちなみに、二倍でも三倍でもなく、なぜ六倍か。これは私の師匠が言っていたので間違いないです。きっと私の師匠はそのまた師匠から聞いた、その師匠はそのまた師匠から聞いた、何か根拠はあるにしても、その由縁は誰も知らないことなのでしょう。型や間の取り方についてもそうです。難しいことを言わずにその一言で伝えられるからではないでしょうか。

■主役になれる音楽

詩吟の発表会では、吟歴を問わず、一緒になって行います。たとえば、さまざまな受賞歴のある人の単独リサイタルといったものは滅多にありません。

詩吟の発表のスタイルは、大きければ何百人入るホールで、舞台の真ん中にマイク一本（マイクも何もない場合もあり）、名前がよばれたらその前まで歩いて行き一礼、琴と尺八の伴奏、あるいは無伴奏で吟じます。つまり、まったくの独壇場です。

観客全員は静まりかえって壇上のあなた一人のために耳を傾けます。そこで大きな声を張り上げるわけです。人前になんか立ったことのない新人さんも、何十年もやっているのに舞台に立つと足ががくがく震えてしまうというベテランさんも、同じ舞台で主役になれるこの瞬間です。

プロの歌手や俳優さんでも限られた人しか舞台に立てないといいます。その点、詩吟はちょっとした勇気だけで一人だけの舞台に立つことができます。

■とりあえず一年続けてみる

一日もあれば吟じることはできますが、吟じる本人が慣れてきたなあと思う頃は、始めてから一年後に訪れることが多いようです。というわけで、これから詩吟をやってみようかなと考えている方は、とりあえず一年間続けてみてください。はっきり自覚できる類いのものではありませんが、これまでの稽古が身体に染み付き、無意識のうちにできなかったことができていることに気付くはずです。

第1章……一月 正月——お正月に吟じたい和の心を感じる詩吟

■何だかいい予感がする元日の詩

何《なん》となく、
今年《ことし》はよい事《こと》あるごとし。
元日《がんじつ》の朝《あさ》、晴《は》れて風無《かぜな》し。

（「何となく」／石川啄木）

からっとした空気、静まりかえった道路、抜ける青空。元日の朝は快晴が多い気がします。

一年の計は元旦にあり。いろいろ目標を立てる。帰省する。二、三日はぐだぐだする。早速目標を忘れ、同じような毎日が始まる。しかし、何だかいい予感がする。

ここ数年、友人たちとの新年会で「詩吟やってー」とのリクエストを受けると、この詩を吟じることにしています。なぜかというと、この詩が元日の気分を言い得て妙なところにもありますが、実際に吟じると本当に何だかいい予感がするからです。

それでは、なぜ、この詩を吟じると何だかいい予感がするのでしょうか。

それは、漠然とこの詩が明るく前向きなところによるのですが、細かく分析してみましょう。

この詩には、三つの可笑《おか》しなポイントがあります。

一つに、「何となく」という思いつきで言っているような思考言葉の存在。

二つ目、「今年はよい事あるごとし（だろう）」と言い切っているところ。「ごとし」は古語で不確実な断定。また、「ごとし」という普段使わない古い言葉に重みのようなありがたさが感じられます。

三つ目、そしてそれは「元日の朝晴れて風無し」だからなのである、というこれまた言い切り。つまり、

「何となくではあるが、今年は良いことがあるに決まっている。だって元日の朝は晴れて風がないだろう？」

と根拠はあやしいですが、控えめなようでいて自信満々に語りかけてくれる。この態度が実

に純粋で現実とかけ離れています。でもこの一言で救われるのが現実です。

実際に、「今年も良いことありますように」と神頼みしたところで良いことがあるかどうかはわかりません。だからこそ神社に行くわけですが、この詩にはもっと強い力が潜んでいます。もはや神頼み以前の問題で、元日がいい天気という理由だけで今年も良いことが起こると思い込んでしまう。薬でもないのに良く効く薬と思い込んで飲むと病気が治ってしまうプラシーボ効果のようなものが働いて、この詩を吟じると何だかいい予感がしてきてしまう。「何となく」ではあるのですが。そんな小さな幸せ気分にさせてくれるのが、この詩の魅力です。

さて、この詩の作者は石川啄木《いしかわたくぼく》です。

石川啄木と言えば、「われ泣きぬれて蟹とたはむる」とか、「はたらけどはたらけど猶わが生活楽にならざりぢっと手を見る」など、暗い印象を持たれていた方も多いのではないでしょうか。それに比べてこの元日の詩は、妙に明るく感じます。

いったい、啄木に何があったのでしょうか。

石川啄木は明治時代の詩人です。十七歳で盛岡中学を中退し、上京。渋谷・道玄坂の与謝野《よさの》鉄幹《てっかん》・晶子《あきこ》夫妻を訪ねます。二十歳で処女詩集『あこがれ』を刊行。しかし、父が生活力を失い、その若さで妻と家族を養わなければなりませんでした。

この詩の初出は、明治四十四年の『創作』一月号。当時の啄木は二十五歳。前の年には大逆事件（天皇暗殺計画の大逆罪により幸徳秋水らが検挙、処刑された）が起こり、小説や評論を書いてもお金にならず、待望の長男が誕生するもわずか二十四日の命でした。そんな苦しかった一年を経て、「今年こそは」という願いがこの詩に込められたのかもしれません。

しかし、啄木は二十六歳で亡くなってしまいます。この詩を書いた翌年です。「何となく」はしょせん「何となく」なのでした。将来がどうなろうと、そのときだけでも明るい気持ちになれればいい。啄木はそう思ったのではないでしょうか。

啄木は若くして亡くなってしまいましたが、彼の詩は、この詩が作られた百年後の現代でも少しも古くならずに、私たちに新年の希望の朝日を迎え入れてくれるのでした。

＊　＊　＊

ある年の元日、零時をまわり、時計の長い針が下を向いた頃、年下の友人Tと近所の公園の中のある神社に初詣に行きました。

その神社は、公園の真ん中にある大きな池の端に浮かぶ小さな神社です。初詣客はそれほど多くなく、ほとんど並ばずにお参りができました。その年の祈願をし、破魔矢とおみくじを買って、近くのあずまやで温かい甘酒を飲み、その帰り道、公園の池にかかる橋を歩いてみました。空は真っ暗。星がキラキラ輝いています。空気がシンと澄み渡っていて風がなく、お正月らしい気配が感じられます。

ちょうど橋の真ん中あたりに差し掛かると、Tが、

「あれやって」

と言います。

一瞬「ん？」と思いましたが、すぐにわかりました。

そして私は、池も森も空もその境目さえぼんやりとした永遠と続く暗闇に向かって、

「何となくー」

と大きな声で吟じ始めました。

昼間の公園の真ん中で大きな声で吟じるのはさすがにはばかられますが、お正月の真夜中。真っ暗で誰もいないようでした。

吟じ終わると、ほわんと少し響きが残り、しーんとまた元の暗闇に戻ったかと思うと、誰もいないはずの池の向こうの茂みから、

「パチパチパチ」

「ヒュー」

と小さな拍手と歓声が聞こえてきました。そして、対岸の林の奥からは、

「クァークァー」

と何の鳥だかわからないけれど、鳥の鳴く声が聞こえてきました。

私の勝手な勘違いかもしれませんが、まるで鳥が私の詩吟に反応してくれたようでした。と

ても嬉しい気持になって、「今年は良いことありそう」感が漂いました。
その年から、私とTとの初詣の後の恒例行事となりました。

＊　＊　＊

さて、お正月。初夢に見ると縁起が良いと言えば「一富士二鷹三茄子」。末広がりの富士山は幸運をもたらす縁起ものの象徴です。というわけで、次は富士山をテーマにした漢詩です。

■富士山が逆さに？　超スペクタクルSF詩吟

仙客来遊雲外巓
神龍棲老洞中淵
雪如丸素煙如柄
白扇倒懸東海天

仙客《せんかく》来《き》たり遊《あそ》ぶ　雲外《うんがい》の巓《いただき》
神龍《しんりょう》棲《す》み老《お》ゆ　洞中《どうちゅう》の淵《ふち》
雪《ゆき》は丸素《がんそ》の如《ごと》く　煙《けむり》は柄《え》の如《ごと》し
白扇《はくせん》倒《さか》しまに懸《かか》る　東海《とうかい》の天《てん》

（「富士山」／石川丈山）

【通釈】仙人が来て遊んだという神聖な富士山の頂きは雲を抜いて高く聳えている。また、山頂にある洞窟の中の淵には、神龍が年久しく棲みついていると伝えられる。山頂から山裾《さんきょ》まで純白の雪に覆われ、扇に見立てるならば、白絹を張った扇面にあたり、その上に立ち上る噴煙は、扇の柄にあたる。まるで東海の空に白扇が逆さにかかって居るようだ。

前半は、「仙客来たり遊ぶ（仙人が来て遊んだ）」「神龍棲み老ゆ（神龍が古くから佇んでいる）」と、ファンタジー映画さながらの内容が続きます。後半では、「富士山からでる煙が扇の柄で、東海の天に白い扇を逆さにかけたようだ」といっています。つまり、雪をかぶった富士山を逆さにすると白い扇に見える、と言っているのです。

これにはびっくりしました。なんという想像力でしょうか。まるで、ゴジラでも出てきそうな超スペクタクルＳＦの世界です。それでいて壮大で気品が漂います。

完全なるフィクションであれば気持ちも救われますが、富士山は現代でも立派に聳える名峰です。また、「煙は柄の如し」の一文からもわかる通り、この詩が作られた江戸時代には富士山は噴火していたのです。半分リアル、半分空想。そう考えると、あながちこの詩もフィクションではないのです。

それにしても、こんな大胆な発想をするこの詩の作者は、いったいどんな人だったのでしょうか。

作者は、石川丈山《いしかわじょうざん》という江戸初期の人です。煎茶《せんちゃ》の開祖としても知られています。また、漢詩、書道、築庭に優れた言わばハイパーマルチアーティストです。

もとは武士で、十六歳から徳川家康の近侍《きんじ》として仕えていました。しかし、三十三歳の時、大坂夏の陣で一番乗りをして敵将の首を挙げたものの抜け駆けと見なされ、徳川家を離れることとなります。以後、文人として儒学者・藤原惺窩《ふじわらせいか》に朱子学《しゅしがく》を学びます。晩年は、自ら建築した京都の詩仙堂《しせんどう》に三十年間住み、漢詩や隷書《れいしょ》（書道の書体）に没頭し、九十歳という長寿をまっとうしました。

……きゅ、九十歳（！）昔の人は現代よりもずっと短命だったと聞きますが、これはまさか中国の昔話に出てくるような仙人が日本にも実在していたのでは……。ますますあやしい石川丈山。いったいどんな生活をしていたのでしょうか。

丈山ことハイパーおじいさんは詩仙堂で仙人生活をおくっていました。詩仙堂は、京都左京区一乗寺の丈山寺に残されていて、現在でも観覧することができます。

その詩仙堂には「詩仙の間」という部屋があります。なぜ「詩仙の間」なのかというと、丈山はその部屋の内壁に、当時画名の高かった絵師・狩野探幽《かのうたんゆう》に三十六詩仙（李白・杜甫・王維・蘇武《そぶ》・韓愈《かんゆ》・白居易《はくきょい》・孟浩然《もうこうねん》など有名な中国の漢詩人三十六名）の肖像を描かせ、図上に各詩人の詩を丈山自ら書いて掲げたのです。

これにも驚きました。有名絵師に直接壁に画を描かせちゃうとは……。現代ならば、超有名アーティストに自分の部屋の壁に絵を描いてもらうようなものでしょうか。西欧やアラブの大富豪にしかできません。

しかし、これは単なる道楽ではありませんでした。

なぜなら、丈山はこの部屋で尊敬する漢詩人の肖像画と詩に囲まれながら貪るように勉学・詩作に励み、「富士山」のような名詩を生み出したからです。

丈山の漢詩や隷書は、当時から多くの学者たちに高く評価されていました。丈山の師匠である藤原惺窩は「この人物必ず詩宗とならん」と言い、あまり人を褒めない荻生徂徠《おぎゅうそらい》でさえ「東方の詩傑」と讃えました。権式という朝鮮の詩人は、丈山を評して「日東の李杜（李白・杜甫）」と言いました。

そして、丈山の才能は漢詩にとどまりません。

築庭にも才能を発揮した丈山は、詩仙堂の庭も手掛けました。詩仙堂は元は凹凸窠《おうとつか》といい、丈山はでこぼこしたところに庭を造ってしまったのです。また、日本庭園によくある、水が張ってあり竹がカコーンといい音のする鹿おどしは、この石川丈山の発案で生まれたそうです。

＊　＊　＊

ナチュラル詩吟教室の生徒のAさん（五十代・男性）は山登りが趣味。日本百名山を制覇するほどの山好きです。そんなAさんが詩吟を始めたきっかけは、「山頂で吟じたい」ということでした。

稽古を始めてから早々にAさんから「山で吟じたらとても気持ちよかった」とのご報告をいただきました。周りの人からの注目も浴びたそうです。また、ひたすら登っている間にも口ずさんでいたのですが、詩を暗記するにも山登りはうってつけだと感じたそうです。

そんなAさんは富士山にも何度も登っているそうで、富士山が大好き。初めての発表会ではこの漢詩「富士山」を吟じました。「富士山」の稽古中には、石川丈山をモデルにした歴史小説を読んでいて、石川丈山や詩の背景についてもいろいろと調べていました。Aさんの解釈だと「仙客」は鶴（よく富士山の掛け軸なんかにもおめでたいつながりなのか、鶴が描かれています）だとか。また、京都に旅行された際には、詩仙堂にも行かれたそうです。

Aさんは「富士山」に限らず、稽古中の詩吟の作者や、詩の背景についていろいろと調べたりされています。また、旅行ついでに、詩吟に詠まれている場所や、作者のルーツになっている場所に行くことが楽しみの一つになっているそうです。Aさんは、「作者や詩の背景を知ることで、詩吟が吟じやすくなる」とおっしゃっていました。

＊　＊　＊

さて、初夢と言えば、正月二日の夜、枕の下に入れて寝ると良い初夢がみられるという宝船。詩吟にはこの宝船をテーマにしたものもあります。

■きらびやかでおめでたいお祝い詩吟

寿海波平紅旭鮮
遥看宝字錦帆懸
同乗七福皆含笑
知是金銀珠玉船

寿海波平《じゅかいなみたい》らかにして　紅旭鮮《こうきょくあざ》やかなり
遥《はる》かに看《み》る宝字《ほうじ》　錦帆《きんぱん》に懸《かか》るを
同乗《どうじょう》の七福《しちふく》　皆笑《みなわら》いを含む
知《し》る是《こ》れ　金銀珠玉《きんぎんしゅぎょく》の船《ふね》

（「宝船」／藤野君山）

【通釈】寿海は波が穏やかで、真っ赤な朝日が昇っている。海の遥か彼方から宝の字を書いた錦の帆を掲げた船がやってくる。船には七福神が乗っており、皆笑みを浮かべている。御存じの通りこれが金銀財宝を載せた宝船である。

作者の藤野君山《ふじのくんざん》は江戸末期から昭和初期まで生きた教育者です。宮内省式部職《くないしょうしきぶしょく》に勤務しており、退官後は、大正天皇より賜った菊にちなんで賜菊園学会を主宰し、故実《こじつ》（古いしきたり）や口伝《くでん》等を後進に伝えた人です。また、詩歌・文章・俳吟・書画にも秀でていました。

この詩は、作者の藤野君山が祝いの詩を依頼されて作ったものです。たった二十八文字の中で、「寿海」「紅旭」「宝」「錦」「七福」「金銀」「珠玉」と、おめでたい言葉がふんだんに散りばめられています。

君山はこの他にも「花月吟」や「祝言」など日本らしいおめでたい詩を作っています。「花月吟」は文字通り花と月をめでた七言律詩、「祝言」は「松竹梅」「鶴亀」「不老長寿」などの言葉を並べた五言絶句です。いずれもお祝いやおめでたい席で、詩吟として吟じる際に重宝されてきたようです。

お祝いのために作られた詩は、意味や内容が聞き取れなくても、詩全体としておめでたい気分を感じ取れればよいとされていたそうです。そう言われてみると、この詩、きらびやかなイメージの漢字が散りばめられてはいますが、特に深い意味はなさそうです。藤野君山は書画の才能もあったそうですが、それ故か、この詩もまるで絵本をめくるようにその光景がありありと目に浮かぶようです。

ちなみに、宝船にはアジアの神様が勢揃いのオンステージです。恵比寿《えびす》は日本の神さま、福禄寿《ふくろくじゅ》と寿老人《じゅろうじん》と布袋《ほてい》は中国の神さま、大黒天《だいこくてん》、毘沙門天《びしゃもんてん》、弁財天《べんざいてん》はインドの神さま。福の神が集まる、まるでハッピーの集大成です。

宝船はもともと七宝などの宝物や七福神を乗せた帆掛け船を描いた紙の縁起物でした。上のほうに「なかきよのとおのねふりのみなめさめなみのりふねのおとのよきかな（長き夜の　遠の眠りの　皆目覚め　波乗り船の　音の良きかな）」という回文歌《かいぶん》（上から読んでも下から読んでも同じ歌）が書き添えてあり、正月二日の夜、枕の下に入れて寝ると良い初夢を見るという言い伝えがあります。これは日本独自の発想で、この風習は室町時代から始まったとされ、かつては、年の初めにこの宝船の版画を「おたから！　おたから！」といって売り歩く、宝船売りという人がいたそうです。

＊　＊　＊

というわけで、お正月にこの漢詩「宝船」を吟じてみてはいかがでしょうか。お正月らしさ、日本らしさが味わえることでしょう。良い初夢を見ることができるかもしれません。

石川啄木（1886 ~ 1912）

日本の歌人・詩人・評論家。岩手県日戸村生まれ。一九〇二年、盛岡中学を自主退学して上京、与謝野鉄幹・晶子夫妻を訪ねる。病気で帰郷の後、一九〇五年、詩集『あこがれ』刊行。故郷での代用教員、北海道での新聞記者生活などを経て、一九一〇年、『一握の砂』出版。一九一二年肺結核のため東京で永眠。第二歌集『悲しき玩具』は死後出版された。

石川丈山（1583～1672）

江戸時代初期の文人。もとは武士で徳川家康に仕える。わずか三十三歳で京都に隠居。儒学・書道・茶道・庭園設計にも精通していた。幕末の『煎茶綺言』には、「煎茶家系譜」の初代に石川丈山が記載されており、煎茶の祖とも言われる。

藤野君山（1863～1943）

江戸末期から昭和初期の教育者。名は静輝。東京生まれ。若い時から勉学に励み、宮内省式部職に奉職、賜菊園学会を創立し、その会長として子弟の教育にたずさわった。詩については、青年の頃から造詣が深く、詩歌・文章・俳吟を能くし、書画にも秀でた。特に漢詩を能くし、多くの詩を残している。また乃木希典らと親交した。

▼コラム1　◎意味がわからなくたってOK♪　イシヤキイモ詩吟

「詩吟て難しいんでしょう？」

「漢詩なんて学生の頃に習ったきり、全然覚えていないわ」

という方、ご安心を。詩吟は声を出すことが第一。意味がわからなくたっていいんです。

その言葉の響きをまず味わってください。

石焼き芋屋さんの「イーシャーキイモー♪」という音声を聞いたことがあるかと思います。

友人Yは、子どもの頃、石焼き芋が何だか分からず、ただその音だけ聞いてメロディーも一緒に覚えて「イーシャーキイモー♪」と歌っていたそうです。

やがて、

「はて？　この『イシヤキイモ』とはなんじゃろな？」

と思うようになり、音のするほうへ駆け寄ると、どうやら「イシヤキイモ」は移動しているよう。やっと「イシヤキイモ」に辿り着いたとき、紙袋に入った中身の黄色いホクホ

クの食べ物ということを知ったそうです。

言葉に節をつけると覚えやすい。九九やそろばんもこの類いです。そして詩吟もそうなのです。まず節を覚えてから意味を知る。いったん身体に染み付くとなかなか忘れないものです。

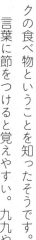

ナチュラル詩吟教室では、稽古する詩吟の解釈なども勉強していきますが、現代語や口語に訳したところで、抜け落ちるものは多い。本当の意味で詩の「意味」がわかるということは、作者でなければわからないし、作者だって何気なく作っただけかもしれません。漢字から立ち上がってくるイメージ、何度も吟じて行くうちに発見する韻の心地よさ、そうやってだんだんと味わいや楽しみ方を見つけて行ければいいと思います。

「読書《どくしょ》百遍《ひゃっぺん》意《い》自《おの》ずから通ず（読書は百回すればその意味が分からなくても自然に分かるようになる）」という言葉がありますが、明治に活躍した夏目漱石や福沢諭吉なども、漢籍の学問においては素読（音読）が基本で、意味がわからなくてもとにかく暗誦するまでひたすら繰り返し音読したといいます。

意味がわからなくても意味はある。それがいつかわかるようになる。もとい、声に出すということに意味がある。それが詩吟の面白さです。

第2章……二月 立春——春が待ち遠しくなるぽかぽか詩吟

■立春の心を詠んだ和歌

み吉野《よしの》は山《やま》も霞《かす》みて白雪《しらゆき》の降《ふ》りにし里《さと》に春《はる》は来《き》にけり

(「立春の心を詠み侍りける」/藤原良経)

【口語訳】吉野は、山までも霞んで、昨日まで白雪の降り積もっていたふる里に、今日は春がおとずれて来たことだなあ。

毎年二月四日頃は立春です。暦の上では春が到来します。というわけでまずは立春の歌です。

この和歌は、吟題に「立春の心を詠み侍りける」とあり、まさしく立春を詠んだ和歌です。白雪の降る冬から春への移り変わりが表現されています。

吉野は、大和国《やまとのくに》（奈良県）にあり、古来天皇の行幸《ぎょうこう》がたびたびあった場所。「降りにし」の「ふる」は、「降る」と「古る」の掛詞《かけことば》になっています。つまり、「王朝のかつての里にも春が来た」という意味も込められています。また、立春は旧暦では元日の頃、年の初めです。この和歌は『新古今和歌集《しんこきんわかしゅう》』の巻頭に選ばれました。王朝を讃え、年初を詠んだこの詩は、天皇に捧げる勅撰《ちょくせん》和歌集《わかしゅう》である『新古今和歌集』の詠い始めとしてふさわしかったといえます。

作者の藤原良経《ふじわらよしつね》については、第4章で述べますのでここはひとまずおいておきます。

＊　＊　＊

さて、時は八世紀の中国に移ります。漢詩文の大家、「詩聖」とも呼ばれた杜甫《とほ》による作品です。

■本当の春を待ち望んでいる詩

国破山河在
城春草木深
感時花濺涙
恨別鳥驚心
烽火連三月
家書抵万金
白頭掻更短
渾欲不勝簪

国破《くにやぶ》れて　山河《さんが》在《あ》り
城春《しろはる》にして　草木《そうもく》深《ふか》し
時《とき》に感《かん》じては　花《はな》にも涙《なみだ》を濺《そそ》ぎ
別《わか》れを恨《うら》んでは　鳥《とり》にも心《こころ》を驚《おどろ》かす
烽火《ほうか》　三月《さんげつ》に連《つら》なり
家書《かしょ》　万金《ばんきん》に抵《あた》る
白頭《はくとう》　掻《か》けば更《さら》に短《みじか》く
渾《す》べて簪《しん》に勝《た》えざらんと欲《ほっ》す

（「春望」／杜甫）

【通釈】国都長安《ちょうあん》は賊軍に攻められ、見るかげもなく破壊されてしまった。ただ周囲の山河だけは依然としてもとの形をとどめている。街はすっかり荒れはてて、人影もなく、再び巡って来た春に、ただ草木だけがいたずらに生い茂っているばかりである。この戦乱の時世に、本来楽しいはずの花を見てもかえって涙が流れ、一家の別離を恨んでは、慰むべき鳥の声を聞いても妻子への思いに心がゆれる。烽火は何ヶ月もつづいて戦乱の止む気配もなく、家族との音信も途絶えがちで、一通の手紙も万金にあたる貴重なものに思われる。積る憂いのためか白髪頭は掻けば掻くほど更に短くなって、とても簪《しん》をさすことなどできないと思われる程である。

戦乱によって荒れ果ててしまった都の春景色をながめながら昔のことを思い、戦乱の世の中に心を痛め、ふるさとや家族のことに思いを寄せながら、年老いた自分自身を嘆いている……。国を思う政治的目線、普遍的な自然と儚《はかな》い人の世に対する哲学、そして視点は自分へと移されます。

この詩の作者・杜甫は、中国、唐代の詩人です。代々役人、学者の家に生まれましたが、科《か》挙《きょ》（役人になるための試験）には合格しませんでした。この作品は、杜甫が捕虜としてとらえられていた長安の都で作られたものです。杜甫がこの詩を作った当時は四十代半ば。この時代は四十歳で翁（老人）だったそうです。それに加え、髪が抜ける程心身ともに衰えていた。髪の毛が短くなったから、簪（＝冠をとめるかんざし）もさせなくなっただけではなく、役人としての冠もかぶれない、という意味が込められているという解釈もあります。

この詩は中国文学の中でも最高峰と言われています。中国では、絵画・書道・音楽などの他のどの芸術よりも文学の価値が高いとされていました。それは孔子や孟子などの儒家の影響が大きいようです。

科挙の試験科目は、政治論・哲学論、そして「詩」でした。現在の日本で言うなれば、公認会計士の試験で「詩」の問題が登場するようなものです。つまり、中国で立身出世するためには、文学の素養が不可欠でした。

また、文学や哲学の専門家といったものはなく、政治＝哲学＝文学は普遍的な教養として、知識人に要求されていました。文学の大家は、ほとんど官吏としての経歴をもっています。政治家として名高い王安石《おうあんせき》・欧陽脩《おうようしゅう》や、哲学者として有名な朱熹《しゅき》なども、同時に文学者として知られています。哲学論文のようなものであっても、内容以前に規格のある散文かどうかが重要視されていたそうです。

＊　＊　＊

さて、私はこの詩の有名な冒頭よりも、三句・四句目の「時に感じては花にも涙をそそぎ、別れを恨んでは鳥にも心を驚かす」の一節が好きです。「花はピンク、涙は水色、別れは白、鳥は……」何となくそんなイメージでこの部分を吟じていると、まるで色が見えてくるようです。どうしてかなと思ったのですが、気付きました。どうやら次の詩が原因のようです。

■花はピンク、涙は水色、別れは白、鳥は……

河《かわ》はみどり　鳥《とり》いや白《しろ》く
山《やま》は青《あお》く　花《はな》ぞ燃《も》ゆれ
この春《はる》も　また過《す》ぎゆくに
帰《かえ》るべき日《ひ》は　いつならむ

（杜甫作「絶句」／土岐善麿訳）

【通釈】河は深みどりに鳥はいよいよ白く、山はさみどりに花は燃えんばかりに赤い。ああ、今年の春も私の見つめる目の前を過ぎていこうとしている。いつの日に故郷に帰れることやら。

この詩では、「河はみどり、鳥は白、山は青、燃える花は赤」と色のイメージがはっきりしています。まるで春の情景が立ち上がってくるようです。「春望」の「時に感じては花にも涙をそそぎ、別れを恨んでは鳥にも心を驚かす」に見えた色のイメージ感覚とそっくりでした。

私はこの詩が好きで、子どもの頃からよく吟じていました。子どもの私のイメージでは、「河は青」、「山はみどり」のはずなのに、この詩では正反対を言っている。「煙草をのむ」と言ったり「花は語らず」と言ったりするのと同じで、昔の人はちょっと変ったことを言ってかっこつけてるのかなと思っていました。

大人になってから、五月の井の頭公園を歩いていると、公園の池が妙な色をしています。一面深々とした濃い抹茶色で、まるで公園の池が抹茶味のチョコレートのようでした。そして、

「河はみどり……」

と口をついて出てきました。しばらくして、

「このことか！」

とはっと胸を打たれたようでした。

詩吟をやっていると、意味を理解せずとも身についてしまった言葉が、こうして時として立ち上がってくる時があります。前に吟じていた時にはわからなかったことが今はわかる。詩吟をやっていて楽しい瞬間の一つです。

ところでこの詩、「絶句」という漢詩を日本語に訳した、訳詩というものでした。

しかも、元の漢詩の作者は杜甫。「春望」と色のイメージが結びついたのも、そもそも作者が同じだったということで納得です。元の漢詩はこうです。

江碧鳥逾白　江《こう》碧《みどり》にして　鳥《とり》逾《いよいよ》白《しろ》く
山青花欲然　山青《やまあお》うして　花《はな》然《も》えんと欲《ほっ》す
今春看又過　今春《こんしゅん》　看《みすみ》す又《また》過《す》ぐ
何日是帰年　何《いず》れの日《ひ》か　是《こ》れ帰年《きねん》ならん

漢詩の読み下しよりも、土岐善麿《ときぜんまろ》の訳詩の方が口に出した時の調子が心地よく、色の並びもイメージも、くっきり鮮やかに伝わってきます。土岐善麿はたくさんの訳詩を書いていますが、詩吟ではこのような漢詩の訳詩も吟じます。

杜甫が作ったものを土岐善麿が訳した。そしてそれを私が吟じて池のみどりに気付く。杜甫とも土岐善麿とも心が通じたんだなあ、という不思議な感覚がおこりました。そんなことを考えていると、自己という概念はうすらぼんやりしてきて、小さな悩みはどこかへ消えてしまいます。

＊　＊　＊

さて、新暦で二月と言えばバレンタインデーです。春の訪れと共に恋の訪れが待ち遠しくなる季節。そんな恋の訪れを期待させてくれる詩なんてあるわけ……、あるんです。

■もしかしてこれは恋？

渡水復渡水　水《みず》を渡《わた》り　復《ま》た水《みず》を渡《わた》る
看花還看花　花《はな》を看《み》　還《ま》た花《はな》を看《み》る
春風江上路　春風《しゅんぷう》　江上《こうじょう》の路《みち》
不覚到君家　覚《おぼ》えず　君《きみ》が家《いえ》に到《いた》る

（「胡隠君を尋ぬ」／高啓）

【通釈】あちらの小川を渡り、またこちらの小川を渡り、また堤の花を見、また花を見る。春風のそよ吹く川のほとり、知らず知らずのうちにあなたの家にたどりついてしまった。

春先に川べりを歩いていると「水を渡り〜い〜」とこの詩を口ずさんでいて、まさか今、私は恋をしていていつの間にか誰それの家に辿り着いてしまうのではないかしら、と思ってしまうほど、この詩にはふんわりとした期待感みたいなものが感じられます。

しかし、この詩が恋の話か何かと思っていたのは私の勝手な勘違いで、実際はそんな色恋話ではありませんでした。

この詩は、中国の明の時代に作られたもので、タイトルの「胡隠君《こいんくん》を尋《たず》ぬ」とあるように、「胡《こ》」という隠者を尋ねる、というお話なのでした。「君」は恋のお相手ではなく、俗世間を放れた隠者のことを指していました（なーんだ、がっかり）。

これは唐の時代に大流行りした「隠者を尋ねて遇《あ》わず」が元ネタにあります。かつて、中国では仏教や道教が盛んになり、お寺などが相次いで建てられました。そこには俗世間と離れた隠者、つまり道を修行する人が住んでいました。欲望を捨て、隠棲した生活をしているそのような人たちを尋ねることを詠うのが、非日常的なテーマとして多くの詩人のネタとなりました。しかも尋ねても隠者はいない、という隠れたオチがあります。いかにも世間から離れて飄々《ひょうひょう》としているのね、という隠者の概念を象徴しています。

結局、この詩は恋の詩ではありませんでしたが、隠者に対する憧れや結局会えないオチなどは、まるで恋のようでもあります。この詩をとても官能的に感じてしまうのは私だけでしょうか。どうやらそうでもなかったようです。

■詩吟がでてくる小説

ナチュラル詩吟教室の生徒さんで私立中高の国語の先生・Kさん（女性・三十代）は、入会当時は二十七歳で、実際の詩吟は一度も聞いたことがありませんでした。そんなKさんが詩吟を知り、始めようと思ったきっかけは、ある一冊の本でした。

それは、直木賞作家・北村薫氏の著作『夜の蝉』（創元推理文庫、〝落語家である円紫さんと私シリーズの一つ〟）に収録されている「朧夜の底」という短編小説だそうです。なんと、この物語では、詩吟を吟じる大学生が登場するというのです。

早速読んでみました。

某大学に通う文学少女である主人公の《私》が、友人の正《しょう》ちゃんが所属する「創作吟サークル」の発表会を初めて観に行く、という内容から始まります。「創作吟」というのは、あるテーマに沿った詩吟を何人かで次々と吟じてゆく発表形態のことで「構成吟」ともいいます。

この発表会のテーマは「春」です。まず初めに正ちゃんが、立春の和歌を吟じます。

み吉野は山も霞みて白雪の降りにし里に春は来にけり

それを聞いた主人公の《私》は、

「ぞくりとした。快感である」

と思うのです。

こうして立春から始まり、春にちなんだ詩が順々に、舞台上で横並びになった若かりし大学生の口から一人ずつ吟じられてゆきます。

水を渡り　復た水を渡る
花を看　還た花を看る
春風　江上の路
覚えず　君が家に到る

私の大好きな「胡隠君《こいんくん》を尋《たず》ぬ」が登場です。まさか、小説の中でこの詩に出会えるとは思っていなかったので、とても嬉しい気持ちになりました。この他にも、そこで吟じられる詩吟は実にかっこいいものばかり。短歌や俳句の詩吟が多く、文学少女である主人公の《私》は、それらの詩についてよく知っているので、いちいち感心しています。

そして最後に正ちゃんが、この短編のタイトルにもつながる俳句を吟じます。

朧夜《おぼろよ》の底《そこ》を行《ゆ》くなり雁《かり》の声《こえ》

主人公の《私》はそれを聞いて、

「朗々と吟じている正ちゃんの顔は、はっとするほど輝いて見えた」

と特別な感情を抱き、

「色っぽかった」

とまで感じるのでした。

最後に登場した俳句「朧夜の底を行くなり雁の声」の作者である有井諸九《ありいしょきゅう》は、江戸の女流俳人です。江戸俳諧《はいかい》を研究していた正ちゃんは、発表会の後に「作者は駆け落ちしたんだぞ」と、主人公の《私》にこっそり教えてくれます。駆け落ちは夜明けが相場と決まっていて、朧月は春の季語。夜明けに見える月と雁の声。つまり、この俳句はまるで駆け落ちの様子を詠んでいるかのようなのです。それをわかって吟じている正ちゃんは、特に「色っぽかった」のかもしれません。

こうして実際に文学を勉強している女子学生が、その研究対象である**作者の背景や詩の内容を感じながら吟じる**ということが、この小説に描かれているのでした。

私も学生の頃、少々艶っぽい詩に憧れて吟じたりしたので、正ちゃんの気持ちがわかる気がしました。実際に、正ちゃんのような知的文学女子が自分の好きな詩に共感しながら吟じたらどんなに魅力的だろう、と想像してニヤニヤしてしまいました。

本の中ではその様子があまりに魅力的に描かれているので、詩吟をまったく知らないのにこれを読んで詩吟をやってみたくなったという、最も文学女子であるところの国語の先生・Ｋさんの気持ちも少しわかったような気がしました。

それにしても、ある疑問が私を覆い尽くします。

それは、本当にこのような「創作吟サークル」は実在するのだろうか、ということです。

なぜなら、この物語の創作吟で次々と吟じられる詩は、この章の冒頭と中ほどで紹介した「み吉野は」と「胡隠君を尋ぬ」以外に、実際の詩吟の場では聞いたことがないものが多くありました。ということは、詩吟の教本に載っていないような詩を自ら選んでいるということでしょうか。いくつかの大学に伝統的な詩吟部があるのは知っていましたが、この物語に出てくるような、学生たちばかりで、自ら文学的にお気に入りの詩を選び、節をつけて吟じるという発表会を私は現実に一度も見たことがないからです。

しかしながら、もしそのような発表会が存在するのなら何としてでも観てみたいと強く思いました。

それとも、このような発表会は完全に著者の北村薫氏の創作の世界なのでしょうか。

疑問は残りましたが、実際にこの物語が舞台になって、若い演者が詩吟を吟じたら面白いのになあ、とぼんやり思っていました。

……それから三年後、なんとこの物語が実際に舞台化され、その詩吟指導を私が行うことになったのです。

■落語と詩吟

その舞台は『柳家三三で北村薫。――〈円紫さんと私〉シリーズより』というタイトルで、本物の落語家である柳家三三《やなぎやさんざ》さんが、北村薫氏の「円紫さんと私シリーズ」を独り舞台として演じるというものです。落語家である三三さんが落語家役を演ずるのはわかりますが、独り舞台なので、女子大生である主人公の《私》や正ちゃんも中年男性である三三さんがすべて演じるというのですから、面白おかしい期待も膨らみます。

そして、「朧夜の底」の回では、詩吟を聞いたこともないという三三さんが、実際に舞台で詩吟を吟ずるというのです。それで縁あって、その詩吟指導を仰せつかることとなったというわけです。

詩吟指導を始めたのは公演の一ヶ月程前で、そのたったの一ヶ月で集中指導を行いました。

三三さんは、いわゆる落語家のイメージを崩さない地味な雰囲気でありながら、長身細身でオシャレ。稽古時でありながらも、立ち居振る舞い礼儀作法の素晴らしさには感服しました。

三三さんとの稽古で、

「詩吟では、長く息を使うこと、息を切るところが決まっている」

などのお話をしていた際に、

「落語でも、通常切るところでは切らないで、まくしたてるように話しつづけ、切らないところで切る、というようなことを意識している」

とのことでした。これは口上や講談の稽古をされた時に学んだテクニックだそうですが、確かに三三さんの落語では、神業とも言うべき言葉の連なりと言いまわしに、震え上がる程魅了された覚えがあります。

詩吟では、漢詩を吟じる際に「二句三息《にくさんそく》」といって、二句の間に三回息を吸うという技法があります。この吟法の極意は、句と句の間を切らずにつなげる。つまり、切るところで切らず、切らないところで切る、という吟じ方をします。

なぜ、そのような吟じ方をするか長年の謎でしたが、ただそれが、口上や講談、果ては三三さんの落語のように、

「粋でかっこいいから」

という理由に他ならないことに気付きました。

思えば、「朧夜の底」というタイトルもそうなのではないでしょうか。本来は「朧夜の」で切れて「底を行くなり」と続くわけですが、「朧夜の底」と切るべきところで切らず、切らないところで切っているからかっこいい。そして次に何がくるかという期待も膨らみます。

いよいよ本番当日。詩吟のシーンではピンマイクはオフにされ、三三さんの生の吟声だけが

会場である草月ホールに響き渡りました。三三さんは歌が大の苦手ということでしたが、大変に努力され、誠に堂々たる吟じっぷりでした。

そして終演後、三三さんと原作者の北村薫さんとのトークショーが行われ、かねてより疑問であった「創作吟サークル」の存在について知ることができました。

北村氏曰く、

「そもそも詩吟自体観たことがなく、大学生くらいの時に張り紙を見て詩吟のサークルがあることを知り、こういう詩を若い女性が吟じたら素敵だろうなあ、という思いで書いた」

とのことでした。

つまり、実際に女子大生が好きな詩を選び取ってあのように魅力的に吟じていたかどうかは定かではなく、作品の中で吟じられていた詩のセレクトや吟者に対する印象は、北村氏の創作だったのでした。

三三さんが舞台で吟じた詩吟で、詩吟を初めて聞いたという北村氏は、

「実際はこういうふうになるんですね、初めて観ました」

と言って客席をわかせていました。

＊　＊　＊

さて、この本を紹介してくれた国語の先生・Kさんとは、現在、百人一首の和歌に私が節付けをしたものを吟ずる、という稽古をしています。

Kさんは、学校の百人一首大会で読み手を担当された際に、うっかり詩吟調になってしまったそうなのですが、それを生徒が真似するようになり、より覚えてくれるようになったとのこと。節をつけて声に出して読むと、自然と覚えることができるようです。さらに詩吟として腹から声を出せば身体も温まる。

三三さんも詩吟の稽古を経て、「詩吟は身体に良さそうです」とおっしゃってくださいました。

藤原良経（1169 ～ 1206）

平安時代の権門歌人。摂政関白である九条兼実の次男。後京極摂政前太政大臣。定家らが開拓した新風和歌のパトロン的位置にあって、漢詩風の世界に景場一致の明澄な歌を残した。叔父に慈円がいる。太政大臣の地位に就いたが三十八歳の若さで頓死。家集に、『秋篠月清集』があり、『千載和歌集』に七首、『新古今和歌集』に七九首収蔵されている。同和歌集仮名序の筆者。

杜甫（712 ～ 770）

李白と並ぶ盛唐の大詩人。字は子美。幼少の頃から学を好み、七歳にして詩作をはじめたが、二十歳をすぎると各地を巡礼して生涯の多くを旅に身をまかせ、漂白の詩人とよばれている。

土岐善麿（1885～1980）

明治十八年、東京浅草に、真宗の学僧・善静の次男として生まれる。歌人・文学博士。号は湖友、哀果。一九〇八年、早大英文科卒業後、読売新聞社を経て朝日新聞社に入社。その間、外遊、後、エスペラント学会理事、国語審議会長、早大教授、日比谷図書館長を歴任、早くからローマ字運動に参加した。歌は、初め金子薫園の門に入り、後、石川啄木と交わり、自然主義から社会主義に傾き、生活派短歌の先駆者となった。

高啓（1336～1374）

明初の詩人。長州（江蘇省蘇州）の人。博学で詩に巧みであり、歴史にも精通していた。明代第一の詩人で小杜甫の称がある。

▼コラム2　◎何と言っても手軽！　道具いらず身ひとつでできる

詩吟は道具がいりません。なぜなら自分の身体が楽器だからです。自分の身体さえあれば詩吟はできるのです。

日頃の練習も、広い公園や山の中や滝の前でのびのびと声を出せばお金はかかりません(そこに行くまでのお金はかかりますが)。

ナチュラル詩吟教室の生徒さんの中には、ご自宅のクローゼットの中や、ストレス解消の壷（壷に向かって大きな声を出すと吸引してくれる）で練習されているという方もいらっしゃいます。また、川原に向かってとか、自転車をこぎながらというお話も聞きます。ちょっと勇気がいりますが、やってしまえば気持ち良さそうですね。

道具入らず
身一つでできる

第3章……三月　送別——送別会で涙を誘うサヨナラ詩吟

■旅立ちを送る詩吟

行《ゆ》く春《はる》や鳥《とり》啼《な》き魚《うお》の目《め》は泪《なみだ》

（「行く春や」／松尾芭蕉）

【友人Tの解釈】春が来て、旅立つ友を思い、鳥は鳴き、魚は目に涙をためました。私も泣いたり、叫んだりできたらなあ。

ある春先、友人Dがオーストラリアに少なくとも一年間は旅に出るというので、彼女の職場であったマンションの一室にて「いってらっしゃいの会」がとり行われました。私の知っている人も知らない人も合わせて三十名以上はいたように思います。差し入れであまおうの巨大いちごパックを持って行ったのですが、もうすでに誰かも持ってきていたらしく、冷蔵庫の野菜室も三パックのあまおうで満員御礼状態。冷蔵庫も部屋も、ぱんぱんのぎゅうぎゅうになりながらも、鍋をつつき、酒を酌み交わし、彼女との別れを皆で惜しんでいたのでありました。

一緒に行った年下の友人Tは、Dと同郷で、私よりもずっと長い付き合いでした。二人とも身体は細く小さいのに性格は図太くさっぱりしている。来るもの拒まず去るもの追わずといった感じ。

宴もたけなわ、Tと私で、Dにいざお別れを言いに行くと、普段ほとんど涙をみせないクールなTが目にいっぱい涙をためています。

幸先は明るいに決まっている、しかしながら別れるのは惜しい……。思い切って泣き叫び、しがみつきたい思いだけれど、笑顔で見送ることができるなら……。

どこからともなく、

「吟じろー（うたえー）」

の声。そんなとき、サクッと歌えるクールなお別れソングはないものか。

あるんです。

松尾芭蕉が旅立つ際に、弟子たちに見送られ、詠んだ俳句がこれです。

旅立ちの別れを惜しむように、鳥の啼く声は「カアカア」と悲しげに聞こえ、魚の目はまんまると涙で潤んでいるようにみえる。

私がこの俳句を吟じている傍らで、Tはこの時ばかりはこらえきれなかったのでしょうか。ぼろぼろと涙をこぼしていました。

＊　＊　＊

さて、この俳句は松尾芭蕉の紀行文『おくのほそ道』の「旅立ち」に登場します。なお、俳句以外の部分にも節付けがされ、詩吟として吟じることができます。

弥生《やよい》も末《すえ》の七日《なのか》、あけぼのゝ空朧々《そらろうろう》として、
月《つき》は有明《ありあけ》にて光《ひかり》をさまれるものから、
富士《ふじ》の峰幽《みねかすか》に見《み》えて、上野《うえの》・谷中《やなか》の花《はな》の梢《こずえ》、
又《また》いつかはと心ぼそし。
むつまじきかぎりは宵《よい》よりつどひて、

舟《ふね》に乗《の》りて送《おく》る。
千住《せんじゅ》といふ所《ところ》にて船《ふね》をあがれば、
前途三千里《ぜんとさんぜんり》のおもひ胸《むね》にふさがりて、
幻《まぼろし》のちまたに離別《りべつ》の泪《なみだ》をそゝぐ。

行《ゆ》く春《はる》や鳥啼《とりな》き魚《うお》の目《め》は泪《なみだ》

これを矢立《やたて》の初《はじ》めとして行《ゆ》く道《みち》なほ進《すす》まず。
人々《ひとびと》は途中に立《たち》ならびて、
後《うしろ》かげの見《み》ゆるまではと、見送《みおくる》なるべし。

【通釈】三月二十七日、あけぼのの空は朧々として、有明の月で光が薄れている時刻で、富士の峰がかすかに見えて、上野・谷中の花の梢を、またいつ見る事ができるかと心細い。親しい者たちは前の宵から集まって、（今朝は）舟に乗って送ってくれる。千住という所で舟を降りると、前途三千里の思いが胸をふさいで、幻のちまたに別れの涙を流すのだった。行く春よ。春との別れを惜しんで鳥は悲しく啼き、魚たちまでが目にいっぱいの涙をたたえている。私も人々との別れで涙ながらに旅立つのだ。
これを旅日記の初めとして(出発したが)、行く道はなかなか進まない。人々は途中に立ち並んで、後ろ姿が見えるまではと、見送っているようだ。

「弥生も末の七日」とは旧暦の三月二十七日。春も暮れの現代でいう四月末頃。ぽかぽか陽気で旅立ちにはちょうど良い季節です。「むつまじきかぎりは宵よりつどひて」、親しい者たちは前の宵から集まって宴会をしていた。お別れ会を開くのは現代と同じです。しかし、ここでは、一泊して、舟に乗って千住まで送ってくれた、とあります。

＊　＊　＊

さて、前の晩から宴会を開き、一泊して翌朝早く出発する旅人を見送る、という内容の詩が唐の時代にもありました。

■お別れソングの定番曲

滑城朝雨潤軽塵
客舎青青柳色新
勧君更尽一杯酒
西出陽関無故人

滑城《いじょう》の朝雨《ちょうう》軽塵《けいじん》を潤《うるお》す
客舎青青《かくしゃせいせい》柳《りゅうしょく》色新《あら》たなり
君《きみ》に勧《すす》む更《さら》に尽《つ》くせ一杯《いっぱい》の酒《さけ》を
西《にし》のかた陽関《ようかん》を出《い》ずれば　故人《こじん》無《な》からん

（「元二の安西に使するを送る」／王維）

【通釈】滑城の町には朝の雨が降って、軽い砂ぼこりをしっとりぬらしている。旅館の前の柳は雨に洗われて、青々とした葉の色を見せている。さあ君、ここでもう一杯酒をのみたまえ。西の方、あの陽関を出てしまえば、もう共に酒を酌み交わす友もいないだろうから。

この詩は、タイトル「元二《げんじ》の安西《あんせい》に使《つかい》するを送《おく》る」とある通り、使者の役目を帯びて安西地方に旅立つ元二さんという人を見送るという内容の詩です。

当時、西方へ出発する旅人を見送る際は、長安から出てまず渭城まで一緒に来て、その晩は別れの宴会を開き、一泊して翌朝早く出発する旅人を見送る、というのが送別のあり方でした。この詩では、まさにその内容を詠んでいます。

渭城の町で宴会をし、一晩明けていよいよ出発の朝。雨が上がって軽い塵ぼこりを潤し、雨にぬれた柳の若葉は青々としている。

ここで柳が登場するのにも理由があります。なぜなら、柳はお別れの象徴だからです。中国では昔から旅人に柳の枝を折ってはなむけにする風習があり、別れの場面を語る際には柳がよく出てくるのです。

後半、「君に勧む更に尽くせ一杯の酒を」では、昨晩宴会をして散々飲んだけれども、いよいよもう会えないのだからせめてもう一杯飲んでください、と言っています。どうしてかと言うと、「西のかた陽関を出ずれば　故人無からん」、西の方、陽関を出たならば、もう一緒に酒を酌み交わす友人もいないだろうから。

陽関とは、前漢時代に設置された中国甘粛《かんしゅくしょう》省の敦煌《とんこう》の南西に置かれた関所。その先の安西地方は中国の西のはずれにあり、気の遠くなる程遠い砂漠の果てです。

ここで言う「故人」とは「亡くなった人」ではなく、「旧友」を意味しています。当時は、現代のように交通も通信も便利ではありませんでした。故に、一回の別れが永遠の別れと同義だったのです。「故人」とは、もう会えない古い友人という意味としても捉えることができます。

この詩の作者の王維《おうい》は早熟で、十代で優れた詩を作り、画、書、さらに音楽の才能にも恵まれていました。十五歳で科挙の準備のため都へ出てから、たちまち都の王侯貴族たちにかわいがられました。十代ですでに詩人として名を成しているのは、他の詩人には見られない例外的なことだったそうです。

二十一歳という若さで科挙の試験を通過し、役人になります。役人になった王維は、官僚生活の傍ら、別荘を持ち、気の合った友人たちと静かに暮らしました。こうした生活を「半官半隠」（半分官吏で半分隠者）といいます。

順調に過ごしてきた王維も、晩年には七五七年に勃発した安禄山《あんろくざん》の乱で賊軍につかまってしまうのですが、賊中で天子を思う詩を作っていたことと、内部に弟がいたことで、官を下げられただけでことなきを得ました。その後は、尚書《しょうしょ》右丞《うじょう》（書記官長）にまで出世しました。

また、熱心な仏教信者で、字《あざな》を「摩詰《まきつ》」というのも、王維の名の「維」を続けて読めば、「維摩詰《ゆいまきつ》」（＝古代インドの富豪で、釈迦の弟子の名）になるという洒落です。王維が仏教に傾倒した由縁には母親の影響もありますが、三十歳ころに妻を失ったことも原因とされています。後には後妻も持たず、菜食主義者でした。

ところで、この詩は『楽府詩集』では「渭城曲」という題になっていて、唐の時代から送別の席で歌われました。また、三度繰り返して歌うことから、「陽関三畳《ようかんさんじょう》」とも言われています。詩吟として日本語で吟ずる際には、この本文に続き、

無《な》からん無《な》からん故人《こじん》無《な》からん
西《にし》のかた陽関《ようかん》を出《い》ずれば故人《こじん》無《な》からん

とまさに別れを惜しむように、最後のフレーズを繰り返し吟じます。「無からん無からん」が、声に出すととても心地良いのです。古くから日本でも愛されてきたそうです。

＊　＊　＊

ナチュラル詩吟教室の生徒さんのIさん（七十代・男性）は、この詩が大好きです。Iさんがこの詩を稽古している最中、親戚が亡くなられ、お葬式でこの詩を吟じたそうです。それがとてもよかったとのこと。「故人無からん」という言葉がぴったりだったということでした。

確かに「故人」の意味は違いますが、音として聞こえる「コジン」は「故人」そのものです。

なお、お葬式などで吟じるのは「弔吟《ちょうぎん》」といって昔からある風習です。

詩吟が便利なのは、内容によっては、このようなお葬式でも吟じることができることです。なお、漢詩の場合はちょっぴり悲しげな音階です。また、言葉が古いもので直接的に感情に訴えかけるものではないのでみんなで共有できる。故に、各々が故人を思いながら聞くことができるのです。

Iさんはこうして、稽古や発表会に限らず、実生活の中に詩吟を取り込んでいます。それは上手に吟じる吟じないとは別の、詩吟本来の吟じることに意味があるというものです。とても有意義な詩吟のあり方だと思いました。

私はこのお話を聞いてとても感銘を受け、違う生徒のYさん（六十代・女性）にもこのことを話したところ、今度はYさんが、ご親戚の散骨でドイツまで行かれるとのこと。その際にこの「元二の安西に使するを送る」を吟じたいということで、急遽練習をし、実際にドイツのライン川での散骨の際に吟じられたそうです。

詩吟はある種、民族音楽でもあるので、他国にも似たような音階や歌唱法の民族音楽もあり、その点で、異国の地でも馴染みやすい場合があります。それ以上に、そのような場でこの詩を吟ずるということは、土地や文化を超えた、人間の根源的なものに触れるような体験だったのではないでしょうか。

＊　＊　＊

最後に、送別会で吟じたい詩をもう一つご紹介します。

■「さよならだけが人生だ」の元ネタ

勧君金屈巵　君《きみ》に勧《すす》む　金屈巵《きんくつし》
満酌不須辞　満酌《まんしゃく》　辞《じ》するを須《もち》いず
花発多風雨　花発《はなひら》いて　風雨《ふうう》多《おお》し
人生足別離　人生《じんせい》　別離《べつり》足《た》る

（「酒を勧む」／于武陵）

【通釈】この黄金の酒杯になみなみと溢れるばかりに酒をそそいで、君に差上げる。どうか辞退などせずに痛飲してくれ給え。花が開けば、またたく間に風雨が散らしてしまうし、人の生涯には別離ばかりが多くて会うことはなかなかできない。

ある年、仲の良かった高校の同級生が海外へ行くというので、新宿の居酒屋でお別れ会を兼ねた同窓会がとり行われました。よく海外へ行く人で、今さらお別れ会をするほどでもないといった感じでしたが、せっかくなので久々に集まろうということになりました。

集まった中で、会社の祈願で神社に行った帰りだという友人Fが、神社でもらった金の盃を海外に行く友人にプレゼントしていました。ずっしり重くよくできた盃でした。

「これにお酒入れて飲みなよ～」と誰かが言って、その金の盃になみなみと日本酒をついで飲んでいる様子をFが携帯電話のカメラでパシャリ。

早速、Fはその写真にコメントを添えて、インターネットに載せていました。そのときのコメントがこれ。


「花に嵐のたとえもあるぞ　さよならだけが人生だ」

高校の同級生は古い付き合いなので、いちいちメソメソしている場合でもない。別れなんてしょっちゅうで、みんなバラバラになってもだいたい元気でやっていて、またいつかこうして集まれる。もはや開き直っているかのような明るい空しさが漂います。また、このコメントには前置きがあります。

「この杯を受けてくれ　どうぞなみなみ注がしておくれ」

金の盃でお酒を飲んでいる写真にピッタリだったのでした。

＊　＊　＊

さて、友人Fのコメントにある「さよならだけが人生だ」という泣ける名文。寺山修司がその作品に引用したことで有名ですが、元は晩唐の詩人・于武陵《うぶりょう》の漢詩「酒を勧む」であって、それを井伏鱒二が訳詩にしたものです。

君に勧む金屈卮　　この杯を受けてくれ
満酌辞するを須いず　　どうぞなみなみ注がしておくれ
花発いて風雨多し　　花に嵐のたとえもあるぞ
人生別離足る　　さよならだけが人生だ

訳詩にある「さよならだけが人生だ」だけを見ると、元の漢詩もお別れの詩のように捉えられそうですが、実はそうではありませんでした。

なぜなら、タイトルに「酒を勧む」とあるように、宴会で酒を飲む、というのがこの詩のテーマだからです。花は開いても風雨が多くすぐに散ってしまうし、人には別れが多い。だから今こうして会っているうちを大いに楽しもう、と言っているのです。

前半に登場する「金屈卮（金の盃）」に「満酌（なみなみと注ぐ）」は、いかにも豪勢な宴会を表しています。漢の武帝の漢詩「秋風の辞」に、「歓楽極まって哀情多し」とあり、酒を盛大に飲んで愉快極まったところに、おのずから哀愁がただよう、とあります。そのような物悲しさをこの詩からも味わうことができます。

この詩の作者の于武陵は、科挙を通って役人になったのですが、宮仕えが性に合わず、琴と書物をたずさえて諸国を遊歴しました。売卜《ばいぼく》（うらない）の仲間に入って暮らしたこともあります。この詩には、放浪の詩人となった于武陵の刹那的な生き方が描かれているのでした。

お別れの詩ではないとは言え、送別会でこれを吟じてもいいと私は思います。尽きることのない別れに開き直っているくらいがちょうどいい。笑顔でお別れするのは難しいことかもしれませんが、この詩を吟じてパーッとやりたいところです。

松尾芭蕉（1644～1694）
江戸初期に活躍。伊賀上野（三重県伊賀市上野）生まれ。俳諧の祖。全国各地に蕉風の門下がいた。人生を旅と考え、旅の実践によって誠の芸術を求め、わび・さび・かるみの理念を樹立した。

王維（699～761）［701～761とする説もある］

盛唐の詩人。太原（山西省）の人。九歳で詩文を作ることを知り、草書や隷書に巧みであり、また音律にも通じていた。絵にもすぐれており、南宗画の祖と仰がれている。また、仏教を信じ、その人生観・文学観も仏教的静寂の境地に達していたので、李白の詩仙、杜甫の詩聖に対し、詩仏といわれている。

于武陵（810～?）

晩唐、八四七頃在世。杜曲（西安の南）の人。宣宗の大中年間の士官を捨て、書・琴を手に各地を漫遊したが、晩年は河南省の山の麓に隠棲した。

井伏鱒二（1898～1993）

小説家。広島県生まれ。中学時代は画家を志す。早大仏文科中退。代表作に『山椒魚』『黒い雨』（野間文芸賞受賞）『ジョン万次郎漂流記』（直木賞受賞）。翻訳、対談等の仕事も多数。

▼コラム3 ◎いくつになっても挑戦できる！ 若返り詩吟

詩吟に年齢は関係ありません。

三歳で日本語もおぼつかないのに「べんせいしゅくしゅく〜」と吟じている幼児もいます。

十代二十代でとにかく大きな声、張りのある声で吟じている子たちもいます。

三十代四十代で、仕事終わりや休みの日にストレス解消にいらっしゃっている方。

五十代六十代で声を出す機会もぐっと減ってきたけれど、詩吟を習い始めてから、声にハリとツヤが出てきたという方。

七十代でも八十代でも元気に声を出して詩吟を吟じている方は、日本全国にたくさんいらっしゃいます。

男性も女性も関係ありません。

「能や落語が好きで日本文化の習い事を始めたいけれど、詩吟なら手軽にできるかも」という方も。

詩吟はいくつになってもできるんです。若くたってできるし、年をとってからもできます。確かに年齢とともに声は出にくくなるし低くなります。しかし、詩吟をしていると、声は鍛えられ高い声や大きな声がでるようになります。

つまり、若さをキープできるのです。

第4章……四月　花見——お花見を盛り上げるワイワイ詩吟

■光のどけき春の日に思う事

ひさかたの光《ひかり》のどけき春《はる》の日《ひ》に静心《しずこころ》なく花《はな》の散《ち》るらん
（「櫻の花の散るをよめる」／紀友則）

【通釈】日の光がのどかな春の日に、桜の花はどうして落ちついた心がなく散っているのだろう。

お花見は好きですか？　私は大好きです。三月も中盤になると、桜はまだか宴会はまだかといよいよソワソワしてきます。

この和歌は、『小倉百人一首』にも収録されていることで知られている、紀友則《きのとものり》の「櫻の花の散るをよめる」です。

「ひさかたの」は、天・空・日・月などにかかる枕詞です。枕詞とは、決まった言葉の前について語呂をあわせるもので特に意味はありません。また、「のどけき」は、「のどかな」という意味です。日の光がのどかな春の日に、桜の花が慌ただしく散るのを惜しんだ歌です。

私はふわふわした歯ざわりのこの和歌が好きです。

声に出して読んでみるとわかるのですが、ハ行が多い。息を吐くときに「は〜」と言ったり、ロウソクの火を消すのに「ふ〜」と言ったり、ハ行にはたっぷり息がまざっています。吟ずるときもたっぷり息をまぜて発音すると自然です。そうすると詩自体がふんわり空気を含み、とっても柔らかな感じに仕上がります。

さて、詩の感触は好きなのですが、どうもちょっぴり寂しい。散る桜をみて落ち着きがないと思うでしょうか。しかも日の光がのどかな春の日です。幻想的な風景がイメージされます。こんなにも穏やかなのに穏やかでない。いったいどういうことなのか。

この和歌は『古今和歌集《こきんわかしゅう》』に収録されています。『古今和歌集』は、平安時代前期に勅撰和《ちょくせんわ》歌集《かしゅう》として、紀友則、紀貫之《きのつらゆき》、凡河内躬恒《おおしこうちのみつね》、壬生忠岑《みぶのただみね》の四人の撰者によって編纂されました。『万葉集』に選ばれなかった古代の歌から、撰者たちの時代まで一一一首もの歌が、季節や内容によってジャンル分けされ全二十巻に収められています。

『古今和歌集』には「見立て」といって何かを何か別のものにたとえたりするテクニックがふんだんに登場します。たとえば、素性法師《そせいほうし》の和歌にある「都《みやこ》ぞ春《はる》の錦《にしき》なりける」は、都の華やかさを「錦」、つまり織物にたとえている。

それならば、この和歌で作者の紀友則は、桜に自分の心を見立て、「桜は満開で、わーっとせわしなく散っているのだけれども、この先どうなっていくのか……」

と作者自身の心が落ち着いていなかったことを表わしていたのかもしれません。自分の心に落ち着きがなければ、見るものすべてに落ち着きがなく見えるようなことってありませんか？　あるいは、落ち着きがなく見えるという事象によって、自分の心が落ち着いていないことに気付く、なんてこともあり得る。

実は、紀友則は『古今和歌集』の完成前に亡くなってしまいます。もしかすると彼は自身の死を予見していたのでは……と勝手に想像してモヤモヤするのでした。

ただ、冒頭でも述べましたが、この和歌は『小倉百人一首』にも収録されました。『小倉百人一首』はもともと、小倉山荘の襖《ふすま》の装飾のために藤原定家《ふじわらのていか》が色紙を依頼され、天智《てんち》天皇から始まり、年代順に百人の優れた和歌を一首ずつ選び色紙にしたものです。寝室の襖なので色っぽい和歌ではないといけなかったし、藤原定家が何より恋歌が大好きだったので、『小倉百人一首』はいわゆる、恋愛系コンピレーションアルバムだったのです。ということは、この和歌も恋歌の可能性大です。だとすると、恋する気持ちも桜が散るのと同じように儚い、と桜に恋心を見立てているということになります。とまあ、色々と勘ぐるのも楽しいですが、この歌の美しさに身を委ねるだけでも充分です。歴史や理論では言い尽くせない何かが、声に出して吟じることで掴めるかもしれません。

＊　＊　＊

さて、満開の桜につつまれ、桜の歌にふれていると、昔の人も同じ桜を観て感動したんだろうなあ、という不思議な気分になってきます。

「何百年も前からこの桜は、今と同じように美しく咲いていたのか～」

「布をまとってた人とか、着物を着てた人もこの桜をみていたのか～」

「人も街も変わっていくのに、桜は変わらず花を咲かせるんだな～」

そんなことをぼんやりと考えていたら、まさに昔の人が、さらに昔の人のことを思って詠んだ歌がありました。

■誰が桜を植えたか

昔《むかし》誰《たれ》かかる桜《さくら》の花《はな》を植《う》ゑて吉野《よしの》を春《はる》の山《やま》となしけむ

（「家に花五十首歌よませ侍りける時」／藤原良経）

【通釈】いったい昔の誰が、このような桜の花を植えて、ここ吉野山を春の山としたのだろうか。

吉野山は奈良県の南方に位置する吉野地方の山です。現在でも全国で有数の桜の名所となっています。作者の藤原良経《ふじわらのよしつね》は嘉応元年生まれ。この和歌は一一〇〇年代に作られたものです。およそ九百年前の良経の時代にも、すでに吉野は桜で満開だった。そして、良経も私と同じように、この桜は誰が植えたのだろう、と思った。

それでは、いったい誰が桜を植えたのでしょうか。

もともと、吉野は大峰信仰《おおみねしんこう》（日本古来の山岳信仰が仏教・神道・道教などを習合して生まれたもの。大峰山系を霊地とする）の本拠地です。吉野山は大峰山を経て熊野三山へと続く大峰奥駈道《おおみねおくがけみち》の北端にあり、大峰奥駈道は修験者《しゅげんじゃ》たちによる最も険しい修行の道でした。平安時代の修験者たちは、吉野山の原始林を切り払って桜の樹だけを残し、さらに桜を植え足していった。こうして吉野は桜の山となったのでした。

つまり、吉野に桜を植えたのは、平安時代の修験者たちということになります。

しかし、誰が植えたかという答えをあばくというのがこの和歌の目的ではありません。桜の美しさに掛けて、吉野の霊地としての神秘性を詠ったのです。

美しい人に対して、「どうしてあなたはそんなに綺麗なのでしょう?」と褒めたつもりが、「毎日化粧水たっぷり使ってるから」とか、「親も色白だったから」とか、そんな答えを求めているわけではないのと同じに、最大級の褒め言葉だったのです。

この詩の作者の藤原良経は、『新古今和歌集』に自身の作を七十九首も取り上げられたやり手の歌人です。七十九首は、西行《さいぎょう》・慈円《じえん》に続き三位。『新古今和歌集』は、後鳥羽院《ごとばいん》の命により、万葉以来の名歌を集めた勅撰和歌集です。平安王朝時代に、和歌の歴史を振り返り、総括しようとする歌集でした。良経の歌はその巻頭にも選ばれています。

み吉野は山も霞みて白雪の降りにし里に春は来にけり

この歌は第2章でも紹介しました。ここにも吉野が登場します。吉野はかつて天武《てんむ》天皇や持《じ》統《とう》天皇などが行幸した地。天皇たちが訪れた古代の歴史を持つ吉野を舞台とすることで、こちらもまた、雄大さとともに、吉野の神秘性を讃え、後鳥羽院に絶賛されたのでした。

＊　＊　＊

さて、満開の桜の下で、ゴザを敷いて宴会。楽器もいらず手拍子で、みんなで声を揃えて歌える詩もあります。

■誰でも歌えるDNAソング

柳桜《やなぎさくら》をこきまぜて都《みやこ》ぞ春《はる》の錦《にしき》なる
酔《よい》をすすむる春風《はるかぜ》にかざす桜《さくら》の花《はな》が散《ち》る

（「柳桜をこきまぜて」／よみ人知らず）

作者はよみ人知らずとありますが、『古今集』にある素性法師の和歌「見渡せば柳桜をこきまぜて都ぞ春の錦なりける」からきているようです。柳の緑と桜のピンクで華やいだ都の様子が目に浮かびます。

この詩は、とても音楽的なメロディーをもつ七五調の今様《いまよう》という歌です。今様自体は、平安時代に宮廷で流行した歌謡で、鼓などで拍子をとり、楽器の演奏を伴うこともありました。邦楽五音音階で、一文字一文字を伸ばして歌うのが特徴で、現在も白拍子《しらびょうし》の舞などに合わせて歌われるものです。

詩吟で歌われる今様は、雅楽《ががく》の「越天楽《えてんらく》」という曲のメロディーに七五調の言葉をのせて歌ったものです。今様はリズムをとってみんなで歌うものなので詩吟の主流ではありませんが、ある決まったテーマで集められた和歌や漢詩などを順番に吟じていく「構成吟」の中で、この今様も取り入れられ、吟じられることがあります（右記の今様は「桜」がテーマの構成吟で扱われます）。

越天楽今様のメロディで有名なものには他に、「いろはうた」でおなじみの弘法大師（空海）作とされる「色《いろ》は匂《にほ》へど　散《ち》りぬるを　我《わ》が世誰《よたれ》ぞ　常《つね》ならむ　有為《うひ》の奥山《おくやま》　今日《けふ》越《こ》えて　あさき夢《ゆめ》みじ　ゑひもせず」や、「酒は飲め飲め飲むならば」でおなじみの「黒田節」などがあります。

今様はもともと庶民のものでしたが、この今様が皇族を巻き込んで大流行りした時代がありました。今様狂いとして名高い後白河院《ごしらかわいん》は、十代のうちから今様にハマり、今様を歌いすぎて喉をつぶすこと三回。しかも、さらに今様を歌って喉を治したといいます。また、今様を後世に伝えようと今様集『梁塵《りょうじん》秘抄《ひしょう》』を編纂しています。

当時は、天皇が神と交信し、日本を統治し守るために今様が使われていました。そもそも、古代より歌は神に届けるための祈りでした。

文字だけでなく、歌としてそのような歴史があったからこそ、日本人のDNAに今様のメロディが染み込んでいて、聴いたこともないのになぜか歌える。なぜか懐かしい気持ちになる。というのが私の考察です。

まあ、難しいことは気にせず、満開の桜の下で、みんなでこの今様を元気よく、もみ手で拍子をとりながら「やーなーぎーさーくーらーを」と歌ってみましょう。合唱のように綺麗に合わせようとしなくてOK。みんなバラバラくらいがちょうどいい。いい感じで粋な雰囲気になること間違いなしです。

＊　＊　＊

さて、日頃の鬱憤を晴らすかの如くお花見でどんちゃん騒ぎ。そんな様子をまさに描いた江戸時代に作られた漢詩があります。

■青春に酔いしれよう

楊柳花飛江水流
王孫草色遍芳洲
金罍美酒葡萄緑
不酔青春不解愁

楊柳花《ようりゅうはな》飛《と》んで　江水《こうすい》流《なが》る
王孫《おうそん》の草色《そうしょく》　芳洲《ほうしゅう》に遍《あまね》し
金罍《きんらい》の美酒《びしゅ》　葡萄《ぶどう》の緑《みどり》
青春《せいしゅん》に酔《よ》わずんば　愁《うれい》を解《と》かざらん

（「春日の作」／新井白石）

【通釈】楊柳の花は、さわやかな春の風に乗って飛び、大川は静かに流れてゆく。つくばね草の若やいだ春の色が、芳ばしい花の咲く川の州一面に広がっている。黄金色の味のよい酒と、緑色も美しく澄んだ葡萄酒を大いに飲もうではないか。うららかな春のよい季節をこの青春時代に大いに飲んで酔うのでなければ、愁いは吹き飛んでくれないであろうから。

「金罍の美酒」とはシャンパンのことでしょうか。「葡萄の緑」は白ワインでしょうか。当時の「緑」は藍色ですので、赤ワインです。美しい春の景色と、香気漂うこの詩に酔ってしまいそうです。さらに「遍《あまね》し」や、「愁《うれい》」という言葉がアンニュイな雰囲気を醸し出しています。声に出して吟ずると何とも心地よいです。そして極めつけは「青春に酔わずんば愁を解かざらん」です。言葉にできない青春時代のモヤモヤを言葉にしてくれたといった明快さと吹っ切れ感があります。

この詩の作者・新井白石《あらいはくせき》は、江戸中期の有名な武士であり政治家であり儒学者でした。上総《かずさ》久留里《くるり》（千葉県）藩主・土屋家の江戸屋敷で生まれ、父が土屋家を辞してからは、貧乏暮らしの中で学問に励み、二十六歳の時、下総古河《しもうさ》（茨城県）藩主・堀田家に仕えました。三十五歳で辞し、江戸に塾を開くうち、師の木下順庵《きのしたじゅんあん》の推薦により、二年後、甲府の徳川綱豊《つなとよ》に使えました。綱豊が六代将軍家宣《いえのぶ》になると、側近になっておおいに力を尽し、吉宗が将軍になるまでは、幕府の中心人物でした。

吉宗以降は学者として著述に励み、多くの業績をあげています。詩は精巧で美しく、日本人ばなれしたものが多くあります。鎖国時代にも日本に密入国したイタリア人宣教師シドッチから聴いてまとめた『西洋紀聞』なるものを書いており、西洋文化にも詳しかったといいます。

この詩が収められた『白石詩草』は、新井白石が五十代の時に作られたものですので、今で言う若い時分の「青春」とは違った意味かもしれません。

しかし、ここは青春とみて、現代の自分に合わせて吟じてみましょう。

私はこれを吟じると青春の憂鬱が吹き飛ぶというよりは、酔いしれてしまっていい気分に浸れます。現実に青春と言われるような年齢でなくても、青春時代のような初々しいことがなくても、その気になって味わえるから不思議です。春の日と、若さと、美酒と、三拍子揃った楽しさ、美しさが詠みこまれ、さらに飲まずにはいられない心境とすれば、花見の宴会の席で、青春を謳歌するかのごとく高らかに吟じたいところです。

＊　＊　＊

入会当時大学生だった生徒さんのMさん（二十代・男性）は、就職活動中に、履歴書の趣味・特技の欄に「詩吟」と記入し、要望があればどんなところでも吟じたそうです。合同面接会のような大きな会場やグループ面接まで臆さずどこでも吟じてしまう。そのせいもあってか、めでたく内定も決まり、新入社員代表の挨拶役に任命されたりと、いろいろと目をかけてもらったそうです。

Mさんの詩吟は声も良く堂々としていて気持ちがいいものです。しかし、そんな度胸のあるMさんでも、就職活動や若さゆえの悩みもあることでしょう。稽古で思い切り吟じるたびに、ストレス発散できるとおっしゃっていました。

さて、詩吟が与える印象は何でしょうか。度胸、誠実さ、継続する力、伝統を大切にする思い、不思議な懐かしさ、かっこよさ……などなど。

入学式・入社式・歓迎会・お花見など盛りだくさんの四月。詩吟を吟じて目立ってみてはいかがでしょうか。

紀友則（845? ～ 907）

古今歌人・宮内権少介有朋の子で、紀貫之の従兄弟。官位は大内記。歌壇で活躍。三十六歌仙のひとり。『古今集』撰者のひとりでもあり、紀貫之、凡河内躬恒らの先輩格的存在。『古今集』奏覧の前に死去。

藤原良経（1169 ～ 1206）

※第２章「み吉野の」参照。

新井白石（1657 ～ 1725）

江戸時代中期の旗本・政治家・学者。学問は朱子学、歴史学、地理学、言語学、文学と多岐にわたる。木下順庵に師事し、徳川家宣に仕えて幕政の改革などに尽力した。吉宗の時、退任して学問と著述に専念した。

▼コラム４　◎着物を着るチャンス！　和女子への第一歩

詩吟の発表の際には着物を着て吟ずることがあります。ただし、着なければ詩吟を吟じてはいけないということはありません。

しかし、せっかくですので、「着物が着たいけど、着る機会がない」という方は、詩吟をきっかけに着物を着てみてはいかがでしょうか。

着物の良いところは、流行りがなく古いものでも着られるということです。お母さんやおばあちゃんのおさがりや、たんすの肥やしになっていたものも、詩吟の発表の道連れにしてはいかがでしょうか。

ナチュラル詩吟教室の生徒さんには、もともと着物好きの方から、詩吟を始めたきっかけで着付けを習われて、ご自身で着られるようになり、発表会のたびに着物を着て来てくださる方もいらっしゃいます。

着物も詩吟と同じでまず着てみることに意義があります。

着物を着るチャンス！
和女子への第一歩

第5章……五月　五月病——五月病を吹き飛ばすパッション詩吟

■やる気がでる決意の詩

あはれ花《はな》びらながれ
をみなごに花《はな》びらながれ
をみなごしめやかに語《かた》らひあゆみ
うららかの跫音空《あしおとそら》にながれ
をりふしに瞳《ひとみ》をあげて

翳《かげ》りなきみ寺《てら》の春《はる》をすぎゆくなり
み寺《てら》の甍《いらか》みどりにうるほひ
廂々《ひさしひさし》に
風鐸《ふうたく》のすがたしづかなれば
ひとりなる
わが身《み》の影《かげ》をあゆまする甃《いし》のうへ

（「甃のうへ」／三好達治）

【私の解釈】 春の過ぎたちょうど五月頃のさまざまなみどりが生い茂る草木の中、花びらとともに乙女たちは歩み、語らい、そして寺の春も過ぎてゆく。寺の瓦は緑色に潤い、風鈴は音もたてず静かに佇んでいる。そして私はただ独り、自分の影を踏みしめ歩み続けてゆく、この石だたみの上を。

五月。新しい環境にもそろそろ慣れてきた頃。しかし何だかやる気がでません。ゴールデンウィーク開けに押し寄せてくるあのぼんやり感。これはもしや五月病……。そんな五月病を吹き飛ばしてくれる詩吟はないものか。

あるんです。

三好達治《みよしたつじ》の新体詩「甃《いし》のうへ」です。

なぜ、この詩が五月病を吹き飛ばしてくれるかと言うと、実はこの詩のテーマとも言うべきことが最後の二行に集約しているからです。

「ひとりなる」

「わが身の影をあゆまする」

これは言うなれば「我が道をゆく」ということです。つまりこの詩は「決意の歌」なのです。

この詩の作者・三好達治は、明治三十三（一九〇〇）年生まれ。東京帝大でフランス文学を学び、翻訳などの文筆で生計を立てていました。「甃のうへ」を収録した『測量船』を刊行したのは昭和五年、彼が三十一歳のときです。

明治まで詩と言えば漢詩のことを指していましたが、西洋詩の影響を受け、形式が自由なこのような新しい詩は新体詩と呼ばれました。

三好達治が外国文学を学び、新しい詩形に挑戦していく、という心の現れが「ひとりなる」「わが身の影をあゆまする」かもしれません。まさしく、これからがんばるぞ、という意味でも、憂鬱を吹き飛ばす詩と捉えていい。

詩吟の世界でも、明治以降に生まれたこのような詩を吟じるようになったことは現代的な試みです。とても勇気のいったことと思うのですが、私はこの詩吟に出会わなければ詩吟をやめてしまっていたのではないかと思うほど、この詩が好きです。

なぜなら、漢詩や和歌はとても古いもので、はじめの頃の私にとってはとても難しく感じられたからです。それにひきかえ新体詩は言葉も現代語に近く、明治という時代の節目に新しいものを作ろうとした若い作家が作っていたものが多い。そこに共感した、というのも詩吟を好きになった理由の一つです。とはいえ、三好達治の詩がいかにも現代的かというとそうではなく、むしろ、伝統和歌のような古風さがあります。彼の詩は西洋詩の方法も取り入れていますが、それまでの詩全般であった漢詩の方法が色濃く残っています。それは、実際に彼が漢詩からの影響も受けていたということです。三好の詩は自然詩とよばれますが、自然の情景を詠んで思いを託す、その方法は、まさしく伝統和歌や唐詩のようです。その理由として、三好自身が幼い頃から漢詩文に親しんでおり、また、吉川幸次郎との共著『新唐詩選』（岩波書店）では、当時の人々に向けてわかりやすく「唐詩」を紹介、解説しているという仕事にも現れています。

今では、当時、新体詩、あるいは現代詩とよばれたものが、戦争の影響でほとんどその姿を消してしまっています。その中で、三好の詩は、戦後も現代詩でありながら伝統詩のように一般に知られ、現在でも詩吟として吟じ継がれるほど愛されてきました。それは自然詩という普遍的なテーマだったからとも言われています。

それにしても、この詩の言葉の響きの美しさには心を奪われます。「あはれ」「をみなご」

「しめやか」「うららか」「をりふし」「うるほひ」など、ひらがなの言葉がとても美しい。それらの音の響きはとても身体的で、その言葉から想像できる柔らかな情景が感触として伝わってくるようです。漢字だけでは言い尽くせないようなさまざまな感覚をもった言葉。それは、時代や国境さえも超えていて、たとえば日本語に限らず、フランス語の「サバー」（元気ですか？）や、韓国語の「デバー」（まじで？）のように母音の強い言葉の共通点でもあります。身体や感情に直結している。

また、この詩には一行一行が映画のワンカットのように画を想像させてくれる楽しみがあります。遠くから歩いてくる女の子たちや、その些細な表情だけでなく、透き通った空に響く下駄の音、青々としたお寺の瓦、音を立てない風鈴がまるで一枚の絵のように切り取られている。時間の流れは緩やかで、時折ピタッと止まったりする。まるで、映画を観ているようにこの詩を吟じることができる。

だからなのか、私はこの三好達治の「甃のうへ」を吟じると、憂鬱な心も癒され、がんばるぞ、という気になります。モヤモヤが声と共に吹き飛んで、スッキリ気持よくなってしまうのです。

＊　＊　＊

さて、次も同じく元気になる新体詩です。

■みずみずしい初恋の詩

まだあげ初《そ》めし前髪《まえがみ》の
林檎《りんご》のもとに見《み》えしとき
前《まえ》にさしたる花櫛《はなぐし》の
花《はな》ある君《きみ》と思《おも》ひけり

やさしく白《しろ》き手《て》をのべて
林檎《りんご》をわれにあたへしは
薄紅《うすくれない》の秋《あき》の実《み》に
人《ひと》こひ初《そ》めしはじめなり

わがこゝろなきためいきの
その髪《かみ》の毛《け》にかゝるとき
たのしき恋《こい》の盃《さかずき》を
君《きみ》が情《なさけ》に酌《く》みしかな

林檎畑《りんごばたけ》の樹《こ》の下《した》に
おのづからなる細道《ほそみち》は
誰《た》が踏《ふ》みそめしかたみぞと
問《と》ひたまふこそこひしけれ

（「初恋」／島崎藤村）

初々しくみずみずしい初恋が、ロマンチックな憧れと立体感をもって見事に描かれています。私はこの詩を吟じると元気になります。それはこの詩がまるで生き物のように生命力に満ち満ちているからではないでしょうか。人肌の温かささえ感じてきます。

この「初恋」は、明治三十年、作者・島崎藤村が二十六歳のときに刊行した処女詩集『若菜集』に収録されているものです。『若菜集』は当時の文学青年に大人気で、みんなが諳《そら》んじたといいます。なぜ若者たちに人気だったかと言うと、当時の環境において『若菜集』がとても新鮮だったからです。詩の中で、生々しい初恋を語ることなどそれまでなかったからなのでしょう。

もともと新体詩の始まりは、明治十五年発刊された外山正一《とやままさかず》・矢田部良吉《やたべりょうきち》・井上哲次郎《いのうえてつじろう》の共著『新体詩抄』から起こりました。それは、それまでの漢詩・和歌・俳句などの伝統詩をはなれて、新体詩という新しい詩を求めようとする試みでした。しかし、初期のものは伝統詩と形が違うだけで、文学作品としては未成熟で、とても声に出して読みたくならないガチガチの日本語だったそうです。

ところで、先ほども述べましたが、「蟄のうへ」やこの「初恋」のような新体詩を詩吟で吟じるということは、詩吟においてもとても近代的なことです。稽古では、たいてい習い始めは漢詩から始めますから、私も最初は漢詩しか知りませんでした。幼い頃から意味の分からない漢詩ばかり稽古していた私は、この詩に出会って心ときめきました。何しろ「初恋」だからです。

詩吟では色恋の詩はほとんど吟じません。恋文を大声で歌うのでは、粋ではない、ということなのでしょうか。そもそも詩吟の発端が声を出して、教養を身につけるもの、また、気を養うためのものですから、色恋などに煩わされるというのはまったく目的が逆です。ほとんどが色恋ものばかりのはずの和歌のなか、詩吟に選び取られるのは、それをすりぬけてきた艶めかないスカッとした詩ばかり。

ところが、この島崎藤村の「初恋」は恋の歌でも、大きな声で吟じてみてもいやらしくならないのです。どうしてでしょうか。

それは藤村の詩が、またこの頃の新体詩が、構造や調べは七五調で古語や文語が全体的に用いられて古風だからという点にあるでしょう。その中で、開放的な新しい時代の精神と、人間らしさが詠み込まれているのでした。

さて、詩吟でこの詩を吟じる際は、二〜四人の合吟スタイルで、一連ずつ順番に一人ずつ吟じ、最後の一行をみんなで合吟したりもします。このような七五調で一連のパターンをいくつも繰り返す新体詩は、一番、二番、三番、四番といった要領で、四連を同じメロディー進行で吟ずるので歌謡曲に近く、聞く鑑賞としても楽しめます。それだけ、藤村の詩が現代的で且つ音楽的であるということです。実際に、藤村の詩は、詩吟以外でも作曲がなされ、歌謡曲としても歌われてきました。

＊　＊　＊

さて、最後はさらに情熱的な萩原朔太郎《はぎわらさくたろう》の新体詩です。

■言葉と音の破壊力

昨日《きのう》にまさる恋《こい》しさの
湧《わ》きくる如《ごと》く崇《たか》まるを
忍《しの》びてこらへ何時《いつ》までか
悩《なや》みに生《い》くるものならん
もとより君《きみ》はかぐわしく
阿艶《あで》に匂《にお》へる花《はな》なれば
わが世《よ》に一《ひと》つ残《のこ》されし
生死《せいし》の果《はて》の情熱《じょうねつ》の
恋《こい》さへそれと知《し》らざらむ
空《むな》しく君《きみ》を望《のぞ》み見《み》て

百《もも》たび胸《むね》を焦《こが》すより
死《し》なば死《し》ねかし感情《かんじょう》の
かくも苦《くる》しき日《ひ》の暮《く》れを
鉄路《てつろ》の道《みち》に迷《まよ》ひ来《き》て
破《やぶ》れむまでに嘆《なげ》くかな
破《やぶ》れむまでに嘆《なげ》くかな

（「昨日にまさる恋しさの」／萩原朔太郎）

【私の解釈】好きなのに思いを伝えられない。その思いは日ごとに募るばかり。君はこちらの気持にちっとも気づいていない。苦しくて死んでしまいそうじゃー！

まるで五月病にどっぷりの感が漂うこの詩。しかし、声に出して吟じてみると、まったくその反対です。「生死の果ての情熱」や「破れむまでに嘆く」という言葉は、その内容以前に言葉そのものの持つ音の鋭さや力強さや、たぎるばかりの生命力に溢れています。圧倒的な言葉の破壊力で五月病が吹き飛んでしまいそうです。

さて、このような言葉の破壊力はどのようにして生まれたのでしょうか。

この詩の作者である萩原朔太郎は明治十九年生まれ。裕福な家庭に生まれ、若い頃から遊惰放逸な生活を送り、その中でたくさんの詩集、アフォリスム（格言）、評論集を書きました。

また、朔太郎はたいそうな音楽好きでした。彼は早い時期からジャズ音楽に手をつけ、レコードを集めていました。当時レコードを買うことができたのは金持ちの子息に限られていた時代でした。朔太郎と交流のあった室井犀星《むろいさいせい》は「萩原はここでマンドリンをちやらちやらやり、蓄音機の音楽をかけ、そして客があるとギターをぼんぼん弾いてゐた」（『伊藤信吉著作集　第二巻』沖積舎）と述べています。

朔太郎の音楽好きは、古典和歌を音韻構造とその音楽的美しさのかかわりから解明する、という作業にまで至らしめます。特に、古今・新古今の恋歌の批評集『恋愛名歌集』（『萩原朔太郎全集　第三巻　詩の原理他』新潮社）の中で、百人一首としても知られる藤原敏行《ふじわらのとしゆき》の和歌、

住《すみ》の江《え》の岸《きし》に寄《よ》る浪《なみ》よるさへや夢《ゆめ》の通《かよ》ひ路《じ》人目《ひとめ》よぐらむ

についてこう述べています。

上二句迄は序。一首の意味は、夜の夢路さへも人目があつて逢へないと言ふだけのことで、

想としては空虚に近いものであるが、音律に特別の美しい魅力があり、どこか縹渺《ひょうびょう》たる夢の国に誘はれる感がある。音楽のみ美しくて想の空虚に近い歌。その価値は何だらうか。「詩に於ては」と、仏蘭西象徴派の詩人ヴェルレーヌが言つて居る。「何よりも先づ音楽、他は二義以下のみ。」と。そして確かに然りである。

意味はたいしたことないが音が美しいと言っています。しかも、それは無価値かというとそうではなく、フランス象徴派の詩人ヴェルレーヌも内容以前にまず音だと言っているから詩の音が美しいことに価値があると評価しています。

また、朔太郎は自身の著作においても音や音読に重きをおいています。昭和九年刊行の詩集『氷島』序文ではこう述べています。

すべての詩編は『朗吟』であり、朗吟の情感で歌はれて居る。読者は声に出して読むべきであり、決して黙読すべきではない。これは『歌ふための詩』なのである。

まるで声に出して吟じてくれと言わんばかりです。だからと言って朔太郎の詩が、音ばかり良くて意味のない言葉を並べているというわけではないのです。

特にこの詩における、恋で身を焦がすような経験は誰にでも一度はあることでしょう。音の響き以上に、思いがスパークする心の描写がとてもリアルに迫ってきます。現実世界で、今まさにこの状態だ、という人にとって、この詩を吟じることは劇薬にもなるので注意が必要です。むしろ、どこか遠い国の情熱的な絵画を鑑賞しているような気持ちで淡々と吟じてもいいでしょう。あるいは、今は二番目くらいに好きな人と結婚して子どももいて、平和に幸せにうまくやっている人。そんな人に、あの時はああだったなあ、随分むちゃくちゃしたなあ、としみじみ味わっていただきたいものです。時折、そうして過去の思い出に浸って、現実の鬱憤を晴らすというやり方もありだと思います。

三好達治（1900～1964）

詩人。大阪市西区西横堀町に生まれる。大正十年陸軍士官学校中退。三高から東大仏文科に入る。昭和二年『測量船』を刊行。ボードレールの散文詩『巴里の憂鬱』の全訳を出す。

島崎藤村（1872～1943）

詩人。小説家。本名は島崎春樹。信州木曾の馬籠（現在の岐阜県中津川市）生まれ。『文学界』に参加し、ロマン主義詩人として『若菜集』などを出版。小説に『破戒』『夜明け前』などがある。

萩原朔太郎（1886〜1942）

詩人。小説家。大正時代に近代詩の新しい地平を拓き「日本近代詩の父」と称される。一九一七年二月刊行の処女詩集『月に吠える』で全国に名を知られるようになった。続いて一九二三年一月に『青猫』を刊行。これは『月に吠える』と並ぶ朔太郎の代表作とされている。北原白秋に次いで文化学院で教鞭をとる。与謝蕪村や松尾芭蕉など、古典の詩論を発表し、日本の伝統詩に回帰した。

▼コラム５　◎人前で話す自信がつく！　仕事や出会い力アップ！

仕事でのプレゼンテーションや結婚式のスピーチなど、人前で話さなければならないときはふとやってきます。特に普段あまり人前で声を出す機会がないと、カチンコチンに緊張して思うように話すことができません。

詩吟を日頃からやっていれば、このような場面にも強くなります。声を出すことに集中する訓練を自然と行うからです。

緊張してしまうのは、「間違えたらどうしよう」といった不安からくるもの。不安な思いが沸き起こると、身体が固まってきます。なので、まず、身体をほぐすこと。そして何も考えないことから始めましょう。

これは詩吟の稽古時の基本状態です。稽古も本番と思う事、そして本番も稽古だと思って取り組むこと。つまり普段と何ら変わりないと思い込むことがポイントです。そうすると緊張せずにいつも通りのパフォーマンスが発揮できます。

始めは良くても、話しているうちにだんだん緊張して震えて来ちゃうなんてこともあります。そんな時も持ち直す小ワザをひとつ。

重心をかかとの方に移動させます。片足でもOK。背中を伸ばしてアゴをひく。これだけでも身体が緊張して固くなるのをゆるめてくれます。緊張しても焦らず何度でも取り戻しましょう。集中力も高まります。

集中している姿は、とても魅力的で、観ている人を惹きつけます。

人前で話す機会が増えれば、新たな出会いも増える。仕事もうまくいき人との関わりも増える。詩吟は人生を切り開いていく一歩です。

第6章……六月　結婚
——結婚式で吟じたいお祝い詩吟

■永遠の愛を誓った二人のための詩吟

天《あま》の戸《と》の真澄《ますみ》にならぶ二つ星《ふたぼし》　百千《ももち》の世《よ》まで添《そ》ひてゆくらむ

（「結婚祝いの歌」／小田観蛍《おだかんけい》）

【通釈】広い広い大空の最も清らかなところに輝く二つの星。その星と同じように、百年千年、百千の世まで、この二人も寄り添ってゆくでしょう。

近年、友人の結婚披露宴や二次会で、余興として詩吟を依頼されることが増えてきました。

そんな中、私が必ず吟じているのが、この「結婚祝いの歌」という和歌です。

この詩は、結婚したおめでたい新郎新婦を織姫と彦星に見立てたものです。「天の戸の」とは、天の川の川戸。天の川の細くなっているところで、川渡りをする場所です。「真澄にならぶ二つ星」とは、織姫と彦星。愛し合っている夫婦の象徴です。星の輝きは何億光年も昔のその光が今私たちのところに届いている。「百千の世」は、百年も千年もの間、つまり永遠に新郎新婦は寄り添ってゆくでしょう、という意味になります。

詩文を見ればその意味がわからなくもないですが、古い言葉を大声でいきなり吟じては聞く方もちんぷんかんぷんになってしまいます。せっかくの「結婚祝いの歌」も伝わらなくては残念なので、吟じる前にこの詩の意味を紹介するようにしています。そうすると、お祝いのスピーチにもなりますので、より味わいのあるものとなります。

昔から結婚式の余興として詩吟は重宝されてきました。親戚のおばあさんが結婚式で吟じているのをみたことがあるという話もよく聞きます。

詩吟は、道具もいらず、短いものであれば一分半程度でサクッと終わります。結婚式に着物を着て、日本の伝統文化である詩吟をひとつ。詩吟を知らない若い世代から、新郎新婦のご家族・ご親戚など詩吟に親しみのある方まで幅広く喜ばれます。

＊　＊　＊

さて、もう一つ、結婚式で吟じたい詩吟です。

■愛のメッセージが隠れている俳句

菜《な》の花《はな》や月《つき》は東《ひがし》に日《ひ》は西《にし》に　（「菜の花や」／与謝蕪村）

この俳句がなぜ結婚式で吟じるのにおすすめかと言うと、なんと、この俳句には愛のメッセージが隠れているのです。

丹後の民謡に「月は東にすばるは西にいとし御殿は真ん中に」というのがあり、与謝蕪村《よさぶそん》はそれに影響されてこの俳句を詠んだ、と安東次男氏は『与謝蕪村』（講談社学術文庫）において推測しています。ということはつまり、

菜の花や月は東に日は西に（愛しき人は真ん中に！）

【私の解釈】一面の菜の花畑を突っ切るオレ。時は夕刻。太陽は傾き西の空から大きく

オレを照らす。そして東の彼方にはもう月がのぼり始めている。オレはこの菜の花畑を一直線に君に会いにゆくのだ！

この詩の作者・与謝蕪村は、江戸時代の俳人であり、画家でもあります。早くに両親と家産を失い、十七歳で江戸に出て、俳人・早野巴人《はやのはじん》の門に入ります。松尾芭蕉が亡くなってから十二年後のことです。芭蕉が没して以来、蕉風にかわって、江戸の洒落風《しゃれふう》が全国に広がっていき、奇を衒《てら》う風がもてはやされました。蕪村はその中で、「芭蕉に帰れ（奇抜な洒落を捨て平明な句風に帰れ）」とする復興運動の中心人物でした。

二十七歳のとき、師の巴人が没して、江戸の俳諧《はいかい》の俗化に満足できず江戸を去ります。その後約十年間、放浪に近い生活をしながら絵の修行にも励みました。

宝暦元（一七五一）年に京都に移り、さらに画業に専念し生活の安定を得ました。また、俳《はい》画《が》といって絵の片隅に俳句を添えて書くスタイルを確立させました。

蕪村の有名な俳句には、「春の海ひねもすのたりのたりかな（春の海は一日中のたりのたりしているなあ）」などがあります。

「菜の花や」の句も「春の海」も、まるで絵画のように眼前に広がるパノラマ感とやわらかい色彩感があります。そして何の意味もないほどにさっぱりとしている。蕪村は、蕉風復興運動からさらに絵描きとしても技術を深め、蕪村風という新たな世界を作り上げたのでした。

＊　＊　＊

ある年の初夏、友人のNくんとY子りんの結婚パーティーで余興を頼まれ、詩吟を吟じてきました。

Nくんも Y子りんも和物好きで、普段から二人で着物を着て出掛けたり、飲み会に着物で登場したりします。

Y子りんは小道具もお洒落だし着付けもきれい。

「どうやってるの？」

と聞くと、

「ネット見ながら適当」

と言っていました。

とてもそうは思えません。まるで大正時代からタイムスリップしてきたかのようなハマりっぷりです。ちなみにNくんは普段からふんどしをしめているそうです。

そんな気合いの入った二人の結婚パーティーはどんなものか、と前々から楽しみにしていました。

そして当日。

結婚パーティーの会場は横浜の海を一望できる温泉付きの大宴会場でした。目の前には都市型立体遊園地の大観覧車がそびえています。大宴会場には二百名ほどの若者たちが湯上りの浴衣姿でひしめき合い、ケーキ入刀ならぬ巨大寿司の入刀が行われ、世界各国の民族音楽を流すDJや、北島三郎のカラオケで舞う新郎、ゲームにライブに大いに盛り上がり、最後は大宴会場で二百名が踊りだすというまるで竜宮城のような雰囲気でした。

私は当日、早めに行って温泉につかり、持参した浴衣に着替え、良く冷えた瓶ビールを飲んで自分の出番を待っていました。

いよいよ司会に呼ばれ、演台でまず吟じたのは「結婚祝いの歌」です。それに続き、新郎新婦にサプライズもかねて「菜の花や」の替え歌を吟じました。「菜の花」を新郎、「愛しき人」を新婦の名前に置き換えて、

Nくんやーああああ　月は東にーーいいい　日はー西にーーいいい
Y子りんはーあああああ　真ん中にーーーいいいーいーいいいいー

吟じ終わると、浴衣姿二百名がうわーっと沸き上がりました。本来の詩吟では替え歌はやりませんが、この時ばかりは無礼講です。新郎新婦の名前が入ることで、詩吟を知らない人たちとの距離も縮まります。海外アーティストが来日公演で「コンニチハー！」とカタコトの日本

語を叫んだ時の盛り上がりに似ています。

■そもそも愛って何だろう?

しかしこうなってくるともう「菜の花や月は東に日は西に」と吟じれば、愛の告白にすらなる、というのは考え過ぎでしょうか。

夏目漱石の逸話にこんなのがあります。
かつて漱石が英語の先生をしているとき、「I love you」をこう訳しました。

「I love you」=「月が綺麗ですね」

なんとロマンチック! と今なら思いますが、明治時代には「愛する」という表現がなかったからです。
二葉亭四迷も非常に苦労をしたそうで、

「I love you」=「(あなたの為なら) 死んでもいい」

と訳したそうです。

外国人の友達に「I like you」と言われ、love 以下かぁ～とがっかりしたことがあるのですが、そもそも愛って何なのか。言葉で表現できるのでしょうか。認識のズレがあるとするならば、英語圏の人が「I love you」と言ってくれたところで、日本人なら「？」と思ってしまうのではないでしょうか。

アメリカに長く住んでいた友人に思い切って聞いてみました。好きな気持ちを伝えるには「I love you」で合ってるの？　いわく「それはそれでそのままだけど、本当に付き合いたいだとか告白するのであれば“To be with you”だね！」とのこと。「一緒にいたい」かー。そんなこと恥ずかしくて言えないなあと、思ってしまいました。

夏目漱石の逸話には、「月が綺麗ですね、程度に言っておけば、まともな女性になら、伝わるはずだ」なんてくだりがあります。

先日、年下のピュアな男性に「うわ！　雲ちょーきれい」と会話をさえぎって言われましたが、あやうく自分のことが好きなんじゃないかと勘違いするところでした。……女性の前では発言に気をつけるように。

＊　＊　＊

そんなこんなで、「菜の花や」＝愛の告白になる。そんなちょっと無茶なことばかり考えていると、

「そもそも愛ってなんだろう？」

という根本的な疑問にぶち当たってしまいました。

仲の良い友人S君に聞いてみると、しばらく考えたあげく、

「りんごを採ってあげること」

と答えてくれました。

原始人かよ！　と思わずツッコミを入れたくなりましたが、まさしく万葉集の時代の愛情表現はそれだったのです。

七世紀後半から八世紀ごろまでにつくられた和歌を集めた我が国最古の和歌集である『万葉集』には、男女が恋い慕う歌を含め四五〇〇首以上もの歌がおさめられています。その中にこんな歌があります。

君《きみ》がため山田《やまだ》の沢《さわ》にえぐ摘《つ》むと雪消《ゆきげ》の水《みず》に裳《も》の裾《すそ》濡《ぬ》れぬ（巻10・1839）

「あなたのために山田の沢でえぐを採ったら裾が雪解け水で濡れてしまった」という意味です。「君」は恋歌では女が相手の男をさす代名詞（ちなみに「妹《いも》」は男が女をさす代名詞）。「えぐ」はクラクワイのことで食用の水草です。「裳」は女性のまとう長いスカート状の服。「えぐ」を採って恋しい男に好意を示そうとする、女のしたたかさをたたえた歌です。

これはさしずめ現代で言うところの、「S君が彼女のためにりんごを採ろうとしてモグラの穴にはまる」みたいなことでしょうか。S君の言う「愛」は、万葉時代の「愛」の表現と近いのかもしれません。

そしてさらに、「君がため」の歌に類似した歌が『万葉集』にいくつかあります。

君《きみ》がため浮沼《うきぬ》の池《いけ》の菱《ひし》摘《つ》むとわが染《そ》めし袖《そで》濡《ぬ》れにけるかも（巻7・1249）
妹《いも》がため上枝《ほつえ》の梅《うめ》を手折《たお》るとは下枝《しづえ》の露《つゆ》に濡《ぬ》れにけるかも（巻10・2330）

どれも「君（妹）がため」に何かを採ってやろうとしたら、こちらが濡れてしまった、という表現の歌です。このような類似した歌が『万葉集』にはたくさんあります。これは単にパクリというだけではなく、表現のための型であり、歌を詠むための手がかりになっていたのかもしれないと、鈴木日出男氏は言います（鈴木日出男『万葉集入門』岩波書店）。

型からやがてそれなりの個性が出てくる。前述の三首もそれなりの個別な表情があります。現代においての言葉遣いやインターネット上の流行言葉、果ては口説き文句にさえも型がある。それを上手いこと自分なりの表現に変えていくことで言葉は生きてくるということでしょうか。

時代や社会の育んだ表現として類同の言葉が流行するのは、いつだって同じ。この時代では最大のメディアであった和歌に顕著にあらわれた、ということになるのでしょう。『万葉集』には皇族から貴族、下級官人や庶民の作といわれる作者不明の膨大な量の歌が集められています。類歌も多いけれど、逆に著作権フリーだったため、多くの人が作歌活動に参加することができた、とも言えます。

「えぐ」の歌のように、恋心を自然の現象によせて表現する方法は「寄物陳思《きぶつちんし》」と呼ばれています。恋しいとか寂しいとか感情を直接詠むのではなく、恋とは直接関係のない身の回りの事物現象をとりだし、それを恋の心にからめて詠むという伝統的なスタイルです。スタイルとして確立していることによって、多くの人々が和歌を詠めたのかもしれません。

空がきれいに見えたとき、好きな人のことをふと思い出したり、思い出されてから好きという気持ちに気付いたり。自然の現象があって、自分の心を知るということは現代でもよくあります。

「月がきれいですね」

と言って気持ちを伝える。

「愛してる」

と言うより、りんごを採ってあげる。

万葉時代にスタイルとして確立していた伝統的な「愛」の表現は、みんなが心の奥に持っている日本人の民族意識というものなのかもしれません。

＊　＊　＊

さて、私が結婚式で詩吟を吟じた花嫁であるお友達からとある報告をうけました。なんとベイビーが誕生するとのこと。そんなときはお祝いのプレゼントも兼ねて、子ども愛に満ちた山《やまの》上《うえのおくら》憶良の詩を吟じます。

■子どもは宝

子等を思ふ歌一首、また序

瓜食《うりは》めば　子《こ》ども思《おも》ほゆ　栗食《くりは》めば
まして偲《しぬ》はゆ　いづくより
来《きた》りしものぞ　眼交《まなかい》に
もとなかかりて　安眠《やすい》し寝《な》さぬ

反歌《はんか》

銀《しろがね》も金《くがね》も玉《たま》も何《なに》せむにまされる宝子《たからこ》にしかめやも

（「子等を思ふ歌一首」／山上憶良）

【通釈】旅先で瓜を出されて食っていると、子どもの顔が思い出される。次に栗を出されて食うと、いっそう子どもの顔が思い出される。子どもとはどこからやってきた賜物なのだろう。その顔がまぶたのうちに焼きついて、寝ることもできない。

（反歌）金も銀も宝玉も何になるだろう。一番の宝といったら、わが子以外にないではないか。

美味しいものがあれば食べさせて喜ばせたい。子どもの顔がちらついて眠ることもできない。子どもは宝だ、と言っています。なんと子ども思いなのでしょう。

さて、この「瓜食めば」ですが、今までの和歌とちょっと違います。これは長歌（五・七をくりかえして最後を七音句で結ぶ）と反歌から成っています。日本語の歌を意味する和歌のなかでも五七五七七の三十一文字のものは短歌、それに対してそれより長いものを長歌とよびます。短歌のことを総じて和歌とよぶのが今では一般的です。

さて、詩吟では吟じませんが、この和歌の前に漢文による序文があります。

漢文序

釈迦如来《しゃかにょらい》、金口《こんく》に正《まさ》に説《と》きたまはく、「衆生《しゅじょう》を等《ひと》しく思《おも》ふこと、羅睺羅《らごら》のごとし」と。また説《と》きたまはく、「愛《うつくし》びは子《こ》に過《す》ぎたりといふことなし」と。至極《しごく》の大聖《たいせい》すらに、なほし子《こ》を愛《うつくし》ぶる心《こころ》あり。況《いわん》や、世間《よのなか》の蒼生《あをひとくさ》、誰《だれ》か子《こ》を愛《うつくし》びざらめや。

【通釈】お釈迦様は言いました。「生命あるものすべてを平等に思うことは、羅睺羅《らごら》（釈迦の実子）を思うことと同じです」。またお釈迦様は言いました。「愛執は子にまさるものはない」と。お釈迦様ほどの大聖人でさえ、子どもに愛着せざるをえないのだから、まして世間の人々であれば誰しもが、執着心をもって当然だ。

漢文序で登場する「愛」は仏教語で、戒められるべき愛着・執着を意味し、現代語の「愛でる」「愛する」の意味とは違います。子どもへの執着は、お釈迦様だってそれを厭いきることのできない根源的な人間苦だからしょうがない、と漢文序では言っているのです。お経のような文章のあとに、「瓜」「栗」「銀」「金」「宝」の具体物がばんばんでてくる和歌によって、人が生きることの実感が伝わります。そして現代になっても、人間の根源は変わらないということに気付きます。

この詩の作者・山上憶良は奈良時代の中級の官人でした。遣唐使に選ばれ、中国思想（儒教）や仏教の影響で漢詩文に造詣があり、語学も堪能だったので、聖武天皇の教育係もつとめました。憶良の作品の多くは『万葉集』に収められ、漢文序で理念や観念を前提におき、和歌で現実を詠いあげるというスタイルになっています。

＊　＊　＊

以前、詩吟の師匠である母と一緒に母校の小学校を訪問して、朝礼でこの詩を吟じたことがあります。母が、

「これは一三〇〇年前の詩で……」

と小学生にもわかるように解説したあと、私が吟じました。

「銀も〜」

のところで、高音の大きな声を張り上げます。小学校の体育館に私の声が響き渡り、同時に、

「キャー！」

という悲鳴ともつかぬ声が上がりました。耳をふさぐ子どももいます。体育館の大気が一気に膨らんでグラグラとゆれたように見えました。子どもの反応は素直です。

私が子どもの頃は、詩吟の意味なんてひとつもわからなかったので、子どもたちにどう伝わったのかが気になりました。後に、その小学校に通っていた近所の子の感想を、その子のお母さん伝いに聞くことができました。

「詩吟の声の大きさにびっくりした」

ということと、

「子どもは宝だという意味の歌だった」

ということでした。

母が詩の解説をしたおかげでもありますが、子どもたちにちゃんと伝わったようでした。

小田観螢（1886～1973）
明治～昭和時代の歌人。岩手県に生まれ北海道に移住。道立小樽中学教諭、小学校校長、札幌短大教授。太田水穂の『潮音』創刊に参加し、選者として活躍。第一回北海道文化賞を受ける。

与謝蕪村（1716～1783）
江戸時代中期の日本の俳人、画家。松尾芭蕉に継ぐ、俳諧の祖。

山上憶良（660?～733?）
奈良時代初期の貴族・万葉歌人。名は山於億良とも記される。姓は臣。官位は従五位下・筑前守。

▼コラム6　◎詩吟でデトックス！　アゴのズレが治った生徒さん

四十代女性の生徒さん。目を大きく開き、口の形に注意して、顎や表情筋を良く動かすことに集中して一時間のマンツーマンレッスン。

稽古終了後に、お手洗いに駆け込まれました。大丈夫かな？　と少し不安になりました。やがて、スッキリとした表情ででてこられました。そして目を輝かせて、

「デトックスですよ、先生！」

とおっしゃられました。

それから次の稽古時。ますますスッキリとされたご様子。前回の稽古で、顎を良く動かしたら即時デトックスされた（お通じが良くなった）ので、顎に何かあるとピーンときたそう。そこで、歯医者さんに行って顎のズレを治してもらったら、七年間も悩まされ続けていた頭痛がすっかり治ったというのです。

詩吟で顔をよく動かすことでデトックスされ、お通じも良くなるし、顎のズレにも気づく。はたまた慢性頭痛の治療にも役立ったのでした。

第7章……七月　海――海に向かって吟じたい詩吟

■ダイナミックでかっこいい売れっ子作家の詩

雲耶山耶呉耶越
水天髣髴青一髪
万里泊舟天草洋
煙横篷窗日漸没
瞥見大魚波間跳

雲《くも》か山《やま》か　呉《ご》か越《えつ》か
水天髣髴《すいてんほうふつ》　青一髪《せいいっぱつ》
万里《ばんり》舟《ふね》を泊《はく》す　天草《あまくさ》の洋《なだ》
煙《けむり》は篷窓《ほうそう》に横《よこ》たわりて　日《ひ》漸《ようや》く没《ぼっ》す
瞥見《べっけん》す大魚《たいぎょ》の　波間《はかん》に跳《おど》るを

太白当船明似月　太白《たいはく》船《ふね》に当《あ》たって　明月《めいつき》に似《に》たり

（「天草洋に泊す」／頼山陽）

【通釈】あれに見えるは雲であろうか、山であろうか。それとも呉の地か越の地か。水と空とがあたかも青い髪の毛を張ったように一線を画して連なっている。はるばる京洛より来て、この天草洋に舟泊まりする。夕靄は静かに船の小窓をこめて太陽は次第に西の海に沈んでいく。おりしも大きな魚が突然波間に跳ねるのをみた。空には宵の明星（金星）が出て船を照らしており、まるで月のように明るい。

私が流行歌を聴いて育った九十年代はカラオケ全盛期であり、歌いやすく覚えやすい歌が流行っていました。

たとえば、小田和正のヒットソング『ラブ・ストーリーは突然に』の、

「あの日あの時あの場所で」

というフレーズであったり、小室哲哉プロデュースによる篠原涼子 with t.komuro 名義の、

「恋しさとせつなさと心強さと」

など、思わず口ずさみたくなるようなタイトル。一度聞いたら忘れられない、波のように畳み掛けてくる詩。

詩吟にもあるんです。

江戸のベストセラー作家、頼山陽《らいさんよう》による「天草洋《あまくさなだ》に泊《はく》す」です。

まず一句目。

「雲か山か呉か越か」

こんなに吟じやすい詩吟もなかなかありません。そして二句目。

「水天髣髴青一髪」

こちらもしっかり韻を踏んでいます。

この詩は、文政三（一八二〇）年、作者・頼山陽が、九州を旅行して天草灘（現熊本県南西部、天草下島西方の海域）に舟泊まりをしたときの情景です。天草島の西側から外海を望めば、ちょうど東シナ海をはさんで、対岸は上海あたり、呉（江蘇《こうそ》省）や越（浙江《せっこう》省）の国となる。実際は遠すぎて見えるはずはないので、海の向こうを思うという雄大なスケールを感じさせる出だしです。頼山陽は漢学者でもあったので、文献で読み慣れている中国に憧れの念をもって眺めていたのかもしれません。

ところで、「青一髪」という表現はなんだかロマンチックですね。私は巨大な青い髪の海男（顔は西洋人でマーメイドの男性版）でもいたんじゃないかと思いました。この表現には漢学者らしく元ネタらしきものがあり、宋の蘇軾《そしょく》の「青山一髪是れ中原」、また山陽の少し先輩、長崎の吉村迂斎《よしむらうさい》の「青天万里国無《せいてんばんりくにな》きに非《あら》ず、一髪晴《いっぱつせい》は分《わか》つ呉越《ごえつ》の山《やま》」という句の影響を受けたのではと言われています。

三句目の「万里」は、海を渡る万里だと外洋に出て船旅になってしまうのでおかしい。おそらく山陽の住んでいた京都から万里に旅行しての意味でしょう。「煙横」は、煙は夕靄であり、横はたなびくの意味。日はようやく没するので夕暮れ時、穏やかな海でしょうか。「太白」は金星のことです。だんだん暗くなる夕靄の中でひときわ光る宵の明星は、月のように明るく感じられたのかもしれません。

頼山陽の詩は、写実的でありながらロマンがあります。本人曰く、

「わが学問には、一字の宗旨がある。それは『実』である」

つまり、詩に嘘は盛り込まなかった、と言っています。こんなに雄大なロマン溢れる詩なのに？　と一瞬疑ってしまいますが、きっと山陽が言いたかったのは、李白の詠んだ漢詩にある、

「白髪三千丈《はくはつさんぜんじょう》（白髪が約九キロメートルも伸びてしまった）」

などの誇張は使わない、という表明です。しかし嘘ではないけど嘘のように見事です。

かつて、中国文化の中心地は大陸の内部で、海は地の果てを意味したそうです。なので海を詠む漢詩は少なかったそう。日本は海に囲まれていますが、本場の影響か、日本人の作った海の漢詩も少なかった。そのような中で、珍しく海を詠んでいます。

さて、この詩の作者・頼山陽は「鞭声粛粛《べんせいしゅくしゅく》〜」で始まる詩吟で最もポピュラーな漢詩「川

中島の合戦（不識庵機山《ふしきあんきざん》を撃《う》つの図《ず》に題《だい》す）」の作者です。また、漢詩を日本のものとして確立させたのが、この頼山陽といわれています。いったいどんな人物だったのでしょうか。

頼山陽は、父は安芸藩の儒者・春水《しゅんすい》、母は大阪の儒医・飯岡義斎《いいおかぎさい》の娘という学者の家に生まれたご子息。病気持ちで虚弱なゆえ甘やかされて育ち、色街《いろまち》通いに耽ったといいます。結婚したら治るかという親の期待で、二十一歳の時、安芸藩医・御園道英《みそのどうえい》の娘・淳子と夫婦にさせられましたが、この期待は見事に外れ、かえって京都に逃げてしまいます。結果、廃嫡《はいちゃく》（相続権を失う）処分を受け、座敷牢に三年間閉じ込められてしまいました。

そして牢獄の三年間、狂ったように勉強ばかりしたそうです。

幽閉が解かれた後、廃嫡されてしまった山陽は、実家に戻ることが許されませんでした。そんな山陽の面倒を見たのが、当時、全国的に有名な詩人であり、山陽の父である頼春水と親しく、広島（安芸）に塾を開いていた菅茶山《かんちゃざん》でした。彼は子どもの頃から山陽の詩の才能を買っていました。さらに茶山には子供がいなかった。彼は山陽を養子にしようと考えていたらしいのです。

ところが、山陽にしてみれば、養子になって広島の田舎に引きこもってしまうなんてことは考えられなかった。茶山のところを抜け出して、京都に上ります。

牢獄時代に勉強した成果を活かし、二十八歳の時に全編漢文で書かれた平安末期からの歴史書『日本外史』を脱稿します。『日本外史』は、山陽の私見が入った随分と偏った歴史批評文でもありました。平家の勃興を起点に武家社会の歴史を書き、後に山陽が四十六歳の時、元老中・松平定信に献上されました。『日本外史』は日本全国に広まり、江戸時代の大ベストセラーとなります。これによって多くの人々が『日本外史』を読み、漢文と歴史を学ぶこととなりました。また、山陽の独特の思想と表現によって尊王攘夷思想が広まり、後の倒幕に繋がったのでした。

武田信玄対上杉謙信を描いた漢詩「川中島の合戦」も、元は『日本外史』に書かれていたものです。現在でも有名なこの詩がいかに多くの人に吟じ継がれてきたかが窺えます。また、それまでの日本人の作る漢詩は、唐詩の模倣などが多く、優れた文芸として評価するに値しなかったようです。その中で、頼山陽は突出していたといいます。山陽の漢詩は道場や塾に飾られ、新作はまだかと待望される。まさに江戸の売れっ子作家だったのです。


それでは、頼山陽の詩の何がそんなにすごいのか。

それは、内容はもちろんのこと、詩の読み心地の良さもあったのではないでしょうか。

なぜなら、優れた漢詩のことを、「吟詠に値する」という褒め言葉で賞賛するからです。

「吟詠に値する」＝「声に出して吟じて味わうに足る」

つまり、

「声に出して吟ずる詩」＝「優れた詩」。

声に出して心地良い、声に出して朗々と吟じてみたくなる、それが優れた詩の条件というわけです。

詩吟が、庶民のものとして多くの人々に吟じ継がれてきたのは「詩の内容がいいから」などの説明や理解以前に、読み心地の良い詩であり、故に身体にすっと入ってくるから、というわけです。

では、具体的には読み心地の良い詩とはどんな詩なのか。

それは端的に言うと、韻を多く踏んでいる詩です。

あるリズムを持った詩のことを韻文詩といいます。韻文とは、一定のリズムを持ち、暗誦に適しているので、古代から神話や歴史の叙述に用いられてきました。

漢詩、和歌、俳句も韻文に含まれ、リズムを作って響きの心地よさや美しさを作り出しています。文字数が決まっているというだけで、すでに読み心地の良さを捉えたリズムをもっているというわけです。ということは、元々韻文詩である漢詩、和歌、俳句が、さらに、語尾の母音を合わせて韻を踏んでいれば読み心地は抜群となるわけです。

韻文の一番大切な部分は、内容ではなく音とリズムなのです。それによる心地良さ、かっこ良さで、良文かどうか決まるといっても過言ではないかもしれません。

＊　＊　＊

さて、もともとが韻文である漢詩、和歌、俳句の中でも、さらに声を出して吟じたくなるものとは？　もっともっとラップのように韻を踏みまくった詩吟はないものか。あるんです。

同じく海が舞台の、思わず吟じたくなるかっこいい詩吟です。

■やぶれかぶれのラップ詩吟

大海《おおうみ》の磯《いそ》もとどろに寄《よ》する浪《なみ》われてくだけてさけて散《ち》るかも

（「あら磯に浪のよるを見てよめる」／源実朝）

【通釈】大海の磯に、轟いて寄せる波よ。割れて裂けて砕けて散るのだな。

後半の「われてくだけてさけて散るかも」が印象的です。まさに波のように繰り返し、韻を踏んでいます。「かも」で終わるところもかっこいい。

まさにラップのようでかっこよく、覚えやすく吟じやすいので私はこの詩が大好きです。しかし、当の作者である源《みなもとの》実朝《さねとも》は、単純にかっこいいと思って作ったわけではないようです。

この詩の作者・源実朝は、若干十二歳で鎌倉幕府三代目将軍にさせられてしまった人です。とても想像に及びませんが、十二歳と言えば、粋がってランドセルをしょわず、将来の夢は声優と言っていた頃でしょうか（私が）。そんな年頃に、自分の将来も自分で決めることができず、世の中のすべてを背負わされた立場になってしまった実朝が、「われてくだけてさけて散るかも」と、やぶれかぶれになって、

「全部ぶっこわれればいいのにー！」

という破滅的な意味をこの詩に込めたのです。悲しいかな、十代で政治の世界に立たなければならなかった実朝は、自分の感情を和歌でしか表現できなかったのでした。

それにしても、詩作において秀逸すぎると思いませんか。将軍でありながらこんなかっこいい詩を作れるほどの才能を実朝は持っていました。

それもそのはず、実朝の和歌の師匠は、あの『小倉百人一首』を作った歌人・藤原定家です。実朝は将軍の特権とも言える高等教育で和歌の技術を磨き上げ、立派な和歌オタクへと成長したのでした。少年期から和歌に精通していた実朝は、プライドが高く、お嫁さんは都のお姫様じゃなきゃイヤだ！　とわがままを言っていたそうです。古典文学の現代語訳で著名な評論家・橋本治氏は実朝のことを「ススんだ都会に憧れるイナカの中小企業の社長の息子」と称しています。

実朝は二十八歳という若さで甥の公暁《くぎょう》（鎌倉幕府第二将軍頼家《よりいえ》の子）に父の仇とされ暗殺されてしまいます。そんな短い生涯でしたが、実朝はその和歌の才能を家集『金槐和歌集《きんかいわかしゅう》』に残し、それが後世の文学者に評価され、現在でもこうして歌い継がれています。

＊　＊　＊

詩吟でこれを吟じるときは、二部朗詠《にぶろうえい》という方法を用いることがあります。二部朗詠とは、一つの詩を二人でそれぞれ少しずつ節回しを変え、ずらしながら吟ずる方法です。

この詩を二部朗詠で吟ずると、

「われてー（われてー）くだけてー（くだけてー）さけてー（さけてー）ちるかもー（ちるかもー）」

となります。韻を踏んでいる部分が増幅され、まるで波のイメージを喚起させます。輪唱のようでもありますが、メロディーとなる節回しは違うので、絶妙にハモることもあります。

二部朗詠はピッタリと合わせることを目的としているわけではないので、拍の決まりもありません。相手の吟を聞きすぎるとつられてしまいます。かといって完全に耳を塞いでしまっては美しい仕上がりになりません。お互いに節回しをまったく同じようにできるということはあり得ませんので、毎回が勝負といった感じになります。即興演奏のような、何が起こるか分からないスリリングな感じが二部朗詠の面白さでもあります。

＊　＊　＊

さてもう一つ、海に向かって吟じたい壮大な詩吟です。

■千里眼で地球の裏側をみる

白日依山尽　白日《はくじつ》　山《やま》に依《よ》って尽《つ》き
黄河入海流　黄河《こうが》　海《うみ》に入《い》って流《なが》る
欲窮千里目　千里《せんり》の目《め》を窮《きわ》めんと欲《ほっ》して
更上一層楼　更《さら》に上《のぼ》る　一層《いっそう》の楼《ろう》

（「鸛鵲楼に登る」／王之渙）

【通釈】この眺望のよい鸛鵲楼《かんじゃくろう》から眺めると、夕日がはるか彼方の山かげに沈むのが見え、黄河が遠く流れて海に入っているように見える。雄大な眺めを千里の遠くまで窮めようとして、さらに一層上に登ったのである。

タイトルにある「鸛鵲楼」というのは、黄河が北から大きく東に流れを変える、その屈曲点にある三層の高殿のことです。鸛鵲（こうのとり）が巣を作ったことからこの名前がつきました。起句「白日山に依って尽き」は、遥か遠くの山脈に太陽が沈んでゆく遠景、承句「黄河海に入って流る」は近景で、楼の下を流れる黄河が入り込んで流れている、と言っています。しかし、実際は「天草洋に泊す」と同じように海は見えていなかった。河口から海まで二〇〇〇キロもあるのだから、どんなに高いところへ登っても海が見えるはずはない。当時の中国人にとって海は地の果て、その地の果てへと流れる黄河。見えるはずもない海をも盛り込むことによって、雄大な景色と力感の溢れたスケールの大きさを表現していたのです。

そして、後半の「千里の目を窮めんと欲して　更に上る一層の楼」では、更に大きな景色、千里も見渡す眺めを欲する、心も身体もやる気のみなぎるような凛としたあがり調子でかっこいいのです。

ちなみに、「千里の目」というのは、千里眼という故事成語に由来すると思われます。元は、魏の揚逸《ようい つ》と言う人が、広い情報網をはりめぐらしていて、部下の行動をすべて心得ていたことを、揚逸が千里もかなたのことまで見ぬく眼を持っていると言ってまわりの人が恐れたことから、遠い場所を直感的に知る能力ということを意味する言葉となりました。

この詩では、わずか二十字で、「白日」と「黄河」、「山」と「海」、「依って」と「入って」、「尽き」と「流る」という対句を盛り込みながらも、その技巧を感じさせないほどの力強さに溢れています。

この詩の作者・王之渙《おうしかん》は、男気があり、若いころは都の若者たちと剣をふりまわしたり、酒を飲んだり、デタラメな生活をしていました。後には行いを改めて詩文の道に励み、十年かけて名声を上げました。しかし役人として昇進するための試験勉強に励むということは潔しとせず、著名人と交際していたそうです。また、作品ができると楽師らがすぐに曲をつけたといいます。

＊　＊　＊

さて、「鸛鵲楼に登る」が作られてから一三〇〇年後の日本では、大学の先輩Kさんに、何でもいいから詩吟の録音データが欲しいと頼まれた私が、ちょうどそのときに稽古していた「鸛鵲楼に登る」を録音して提出したところでした。

しばらくして、私の吟じる「鸛鵲楼に登る」がまるまる入っている「Advances」という曲が収録されたレコード（「Drop The Science EP」／Drastik Adhesive Force／FREED RECORDS）が発売されました。

音楽ジャンルでいうと「エレクトロ」という電子音でできた音楽です。

ただその曲は、電子音楽と詩吟の融合とか、一三〇〇年前の漢詩との融合とか、そういう言葉には当てはまらない、何だかよくわからない、しかし強烈なインパクトがある、こんな音楽どこを探してもないのではないか、といった類いのものでした。むしろ、一三〇〇年前にはあったかもしれない。でも私の知り得る限り、この粘っこくかつ生命観の溢れる感じは未知のものでした。ものすごく過去過ぎて誰も知らないか、もしくはまったく新しいかのどちらかです。

それから何年かして、今度はその曲が入った新しいＣＤ（「Human Music」／LO-VIBES RECORDINGS）が発売されました。

Ｋさんから、「リリースパーティー（ＣＤ発売お披露目会）をするから来い」という指令がきて、そのパーティーが開催される中野にある暗い地下室へ向かいました。

重たいドアを開けると適度に肌を露出した若い男女がひしめき合っています。

「詩吟の曲のファンです」

と詩吟から地球の裏側にいそうなイケイケな若者に声をかけられたりして、まさかこんな暗闇で詩吟の入ったあの曲がかかるのかしら、と震える手を諭すようにしながらお酒を飲んでいました。

しばらくすると、フロアが静まり、

「白日〜」

と私の詩吟の声がスピーカーから流れ出しました。もうこの時点で今までの概念が吹っ飛ばされるくらいの初体験だったのですが、さらに若い男女がひしめき合うフロアから、

「キャー!!」

だの、

「フー!!」

だの、詩吟お待ちかね、といった歓声が上がりました。

頭をふりながら詩吟に合わせ体を揺らす若者達を眼前にして、私は震え上がり、手に持っていたお酒を持つ手もあやふやで、思わず床下にパリンと落としてしまいそうになりました。

私の知っている詩吟はもう遠い地球の裏側に行ってしまったのでした……。

私はその喧噪の中で、ぼんやりと王之渙の言うところの千里眼について考えていました。王之渙が一三〇〇年前に詠んでいた、はるばる広がるまだ見ぬ海への憧れとはいったい何だったのか。

どこからかマイクが渡され、私の体は勝手にステージへのぼっていきます。気がつくと私はステージの上で、「千里の目を〜窮めんと欲して〜え〜更に登る〜一層の楼〜」と吟じていました。

「千里の遠きを見たければ、より高いところへ登りなさい」

という王之渙の声が聞こえてきたようでした。

頼山陽（1781〜1832）
江戸時代後期の歴史家、思想家、漢詩人、文人画家。主著に『日本外史』があり、これは幕末の尊皇攘夷運動に影響を与え、日本史上のベストセラーとなった。「鞭声粛粛〜」で始まる「川中島の戦い」を描いた漢詩の作者でもある。

源実朝（1192〜1219）
鎌倉時代前期の鎌倉幕府第三代征夷大将軍。鎌倉幕府を開いた源頼朝の次男として生まれ、兄の頼家が追放されると十二歳で征夷大将軍に就く。歌人としても知られ、九二首が勅撰和歌集に入集し、『小倉百人一首』にも選ばれている。家集として『金槐和歌集』がある。

王之渙（688〜742?）
盛唐の詩人。并州（山西省）の人。字は季陵。王昌齢、高適と交わり、詩名が高かった。官吏としては身分が低く、文安（河北省）の尉で終わった。

▼コラム7　◎ウエストが細くなる！　詩吟で楽しみながらダイエット

五十代女性の生徒さん。腹式呼吸法のトレーニングや、ヨガ詩吟、座って両足を床から少し浮かし、下腹に集中して行う訓練などもやってもらっています。

稽古の終わりには、

「いつもジーパンがゆるくなるんです」

とのこと。

始めた頃よりどんどんと高い声が出るようになってきました。

ある時期からびっくりするくらい大きな声が出るようになったので、こちらが、

「どうしたのですか？」

と聞いてしまいました。

私は以前の稽古で、足上げ腹筋（仰向けに寝て両足を床から少し上げ下げする。背中が床からは離れないようにして下腹に集中する）を一日十回でもいいからやると声が大きく出るようになりますよ、とお伝えしていました。なんと、それを毎日実践しているとのこと。

これは本当に効果があるのでおすすめです。朝起き抜けにベッドの上でやるのも良いです。たったこれだけで身体も温まって目覚めが良くなります。ウエストも細くなり、声も大きくなる。同時に詩吟も楽しめる。一石三鳥です。

第8章……八月 納涼——暑さも吹き飛ぶクールな詩吟

■女性の柔らかな漢詩

雨晴庭上竹風多
新月如眉繊影斜
深夜貪涼窓不掩
暗香和枕合歓花

雨《あめ》晴《は》れて庭上《ていじょう》 竹風《ちくふう》多《おお》し
新月《しんげつ》眉《まゆ》の如《ごと》く 繊影《せんえい》斜《なな》めなり
深夜《しんや》涼《りょう》を貪《むさぼ》って 窓《まど》掩《おお》わざれば
暗香《あんこう》枕《まくら》に和《わ》す 合歓《ねむ》の花《はな》

（「夏の夜」／江馬細香）

【通釈】今まで激しく降っていた夕立も上がり、庭先には、涼しげに風が吹いて、竹の葉がそよいでいる。空には新月がまるで眉のように細く斜めにかかっている。夜がふけても、涼を求めて窓を閉じずにおくと、どこからともなく合歓の花の芳しい香りが漂ってきて、わたしの枕にとけこんでくるのである。


暑い夏になるとこの詩が無性に吟じたくなります。

なぜなら、タイトルに「夏の夜」とありますが、一句目の「雨晴れて庭上竹風多し」が何とも涼しげで夏の雨上がりを思わせるからです。雨が降って少し涼しくなったので、クーラーもつけず窓を開けて夜風を入れる、そんなところでしょうか。

ちなみに、ナチュラル詩吟教室ではこの詩が好きという生徒さんは女性が多く、反対にちっとも面白くないという男性の生徒さんもいました。その男性生徒さん曰く「何ともない」と。確かに唐詩のように大きな流れがあったり、ましてや、社会的なことを言っているわけではありません。

雨が上がって、風がそよいで、細い月が見えて、窓を開けっ放しにして、お花のいい香りがした。もうそれだけで充分。それが女性の共感をよぶのかもしれません。

この詩の作者・江馬細香《えまさいこう》は女性です。彼女の手に掛かれば、ゴツゴツしていて男性的なイメージだった漢詩がこうも柔らかになるんだなあ、という印象があります。

細香が生きた江戸時代に女性の漢詩人は珍しかったといいます。歴史的にみて、女性の文学者といえば、平安時代の紫式部からとんで明治生まれの樋口一葉が有名ですが、この間、江戸時代にも活躍した女性文学者がいたのでした。そんな中、彼女が漢詩に長けた理由として、彼女の漢詩の師匠は、江戸一番の漢詩人・頼山陽だったのです。

細香のお父さんは大垣藩の侍医・江馬《えま》蘭斎《らんさい》。彼のもとへ訪ねてきたのが頼山陽。そこにいたのが妙齢二十七歳、才色兼備な娘、多保《たお》。彼女は山陽の弟子になり「細香」という号をもらいます。

細香は山陽を慕っていました。そして、山陽も彼女を妻にしたいと人を介して申し込んだのですが、細香の父・蘭斎に断られてしまいます。その後、山陽は十八歳の若妻をもらいうけましたが、細香は慎ましく門弟として山陽につき、一生独身でした。山陽没後も、勤皇の志士である梁川星巌《やながわせいがん》やその妻・紅蘭《こうらん》、佐久間象山《さくましょうざん》らと交遊関係をもち、陰で支えるアネゴ的存在だったといいます。

ところで、細香が「一生独身」だったのには理由があります。なんと彼女は漢詩の師匠・頼山陽の愛人となっていたのです。

京都に住む山陽と大垣に住む細香は、遠距離で不倫を重ねていました。漢詩の添削と称し、漢詩で恋文を交わし合います。年に二、三度会ってはその思い出を胸に眠れぬ夜を過ごし

（「深夜涼を貪って窓掩わざれば」）、合歓の香りに愛しい人を重ねていたのです（「暗香枕に和す合歓の花」）。と、この詩を恋文として読み解くこともできます。

＊　＊　＊

さて、こういう一風変わった、いわゆる漢詩らしくない漢詩はどのように吟じたらいいのでしょうか。たとえば頼山陽の有名な「鞭声粛粛《べんせいしゅくしゅく》〜」から始まる漢詩は武田対上杉の戦記物ですから、力強く吟ずれば良いので単純と言えば単純。反対に細香の「夏の夜」を「べんせいしゅくしゅく」と同じように力強く吟じては風情も何もあったものではありません。そういう意味では吟じるのに難しいとも言えます。

では、優しく柔らかな声で吟じればいいか。それでは詩吟になりません。こういう場合は、アクセントをしっかりつけて抑揚を出し、一瞬の強さの反動で自ずと弱く優しい部分を作るというのがよいです。

また、女性だから頼山陽の「べんせいしゅくしゅく」は向いていない、男性だから細香の「夏の夜」は吟じない方がいい、なんてことはありません。基本的にすべての吟において潔く吟じるのが詩吟です。スパンと竹を割ったような、聞いていて元気になるような、この人（吟者）は、悩みなんて一つもなさそうだなあ、と思わせるような詩吟ができたら、あるいは聞けたなら、ある意味かなりクールなのではないでしょうか。

＊　＊　＊

さて、暑い夏の日にひんやりする詩をもう一つご紹介します。

■夕立の雨上がり詩吟

にはの面《おも》はまだ乾《かわ》かぬに夕立《ゆうだち》の空《そら》さりげなくすめる月《つき》かな

（「夏月をよめる」／源頼政）

【通釈】庭の地面はまだ乾いていないというのに、夕立の降った空には、まるで何事もなかったかのように、澄んだ月が輝いているのだなあ。

「にはの面はまだ乾かぬに」という柔らかな語感。そして、たっぷり潤った夕立から澄んだ月が輝く空にいつの間にか切り替わっている。「さりげなく」という言葉は第1章にでてきた「何となく」にも似ていてぼんやりとした感覚を包んでいます。

この詩の作者の源頼政《みなもとのよりまさ》は、平安時代末期の武将です。武将でありながら歌人でした。頼政の時代は、朝廷における共同体の一員として、和歌は必要不可欠な教養であり、また政治的手段でもありました。

頼政は武将として保元《ほげん》の乱、平治《へいじ》の乱で親族を殺害してまで朝廷を守ったにも関わらず、なかなか朝廷における官位に恵まれませんでしたが、歌人として多くの貴族と交流し、和歌の文学的側面を高く評価された結果、破格の官位を得ることができました。

頼政は歌人として高く評価されていました。上宇都ゆりほ氏は頼政についてこう述べています。

院政期の歌壇を主導していた歌人のひとりである源俊恵は、頼政のことを「いみじかりし歌仙なり」と評したが、その理由として、「鳥の一声鳴き、風のそそと吹くにも、まして花の散り、葉の落ち、月の出で入り、雨・雪など降るにつけても、立ち居起き臥しに、風情をめぐらさずといふことなし」（無名抄・五七）であったからだという。頼政は全ての自然現象に、どんなときでも感動を覚えたというのである。

（『源平の武将歌人』笠間書院）

夕立の後の空を「さりげなくすめる月かな」と表現した人ですから、さぞかし感性豊かで敏感だったのでしょう。誰しもが心の奥底で感じていたけれど、言葉に表せないような些細な様子を和歌に表現できる人だった……。

＊　＊　＊

ある夏の夕方、夕立の雨上がりに自転車をこぎながら家路に向かっていました。まっすぐな道に入ると真正面に月が見えました。さっきまで大雨が降っていたとは思えないとても澄んだ空でした。

そのまっすぐな道を月へ向かって行けども行けども月との距離は縮まりません。後に知ったのですが、その道は「月見通り」という名の道でした。「月見通り」を曲がると月が見えなくなりました。振り返るとさりげなく月がこちらを見ています。

逃げても逃げても同じ顔、同じ距離を保ちながら追いかけて来る。

月に追いかけられながら私は、年下の友人Tとつくった「夏月をよめる」という曲を携帯音楽プレーヤーで聞いていました。源頼政の和歌「夏月をよめる」をテーマにしたものです。

Tとは、シンセサイザーと詩吟のユニット・neohachi《ネオハチ》として演奏したりCDを作ったりしています。「夏月をよめる」は、二〇〇九年に発売した『rhythm of wonder』というCDに収録されています。

それを聞きながら自転車をこいでいる雨上がりのコンクリートはまだ濡れていて、まさに、

「コンクリートはまだ乾かぬに夕立の空さりげなくすめる月かな、だな〜」

と思いながら、まるでセンチメンタルな映画の主人公気分。我ながら夕立の雨上がりにぴったりのサウンド・トラックに仕上がっています。

この曲を録音した際にTは、ドビュッシーの「沈める寺」をイメージしたと言っていました。

＊　＊　＊

ある年の夏、ライブのお誘いをうけ、二人で夜行バスに乗り京都へ向かうことになりました。新宿の長距離バスターミナルでバスを待ってると、外国人女性にカタコトで、

「UFJバンクはドコデアリマスカ?」

と聞かれました。そこでTは、

「This way straight（この道まっすぐ）」

と元気いっぱいに答えました。意味は通じたようで、その外国人女性はその道をまっすぐ進んでいきました。

こちらのカタコト英語が伝わってほっとしていたところで、妙に笑えてきました。

「この道まっすぐ」これを意訳すると、

【私の解釈】「ワシャア、曲がったことが大っ嫌いなんじゃゃ、ボケ〜」

まるで「腕のいい職人」です。

伝わったのだから問題ないのですが、私は「この道まっすぐ」という言葉が笑いのツボにはまってしまい、思い出し笑いが止まらず、私だけ京都行きの夜行バスの中で一睡もできない始末。

朝五時頃に京都に着き、夜のライブまでたっぷり時間があったので、行ける限りの神社やお寺を巡りました。

少し足をのばし、かねてから行きたいと思っていた宇治の平等院にも行きました。十円玉に刻まれているお寺の絵の実物がそこにはありました。平等院の外観を観覧し、敷地内にある資料館では、たくさんのさまざまな仏像を観て回りました。

観終わると、テラスになっている涼しげな広い板の間の休憩所が開いており、観光疲れしたであろうたくさんの人たちが気持ち良さそうに横になっていました。

結構な量の仏像を観てへとへとになっていたので、その涼しげな板の間に私もゴロリと横になる……。

次の瞬間。ハッと気付いたら三時間くらい経っていました。

本当に一瞬の出来事でした。

一瞬で三時間経っていたのでした。

そう言えば、この平等院は、あの「夏月をよめる」の作者・源頼政が自害した場所です。

彼が詠んだ歌を現在の私が吟ずること、その私が、彼が自害した場所にいること。そして時が一瞬縮んだことは何か関係があったのでしょうか……。

まさか頼政が時を縮めてしまったのでしょうか……。

しばらく状況がつかめず肝が冷える思いでした。

しかし、よくよく考えればその理由は明白です。

行きのバスで思い出し笑いをし過ぎて一睡もしていなかったからですね……。

でも、バスの中で気持ち良さそうによく寝ていたTも、平等院の板の間で一緒に三時間寝ていました。

たまに、このような普段とは違う不思議な時間感覚になることがあります。特に暑い夏に多い気がする。

伊丹十三の『ヨーロッパ退屈日記』（新潮社）に書かれていた、

「夏は時が止まったよう。年の真ん中だからか漕ぎ出した船が戻ることも進むこともできないでいるようだ」

という一文が思い起こされました。

＊　＊　＊

さて、夏と言えば松尾芭蕉《まつおばしょう》の有名な俳句「夏草や兵どもが夢の跡」があります。これもたった十七文字の中で時空を飛び越えています。

これは、芭蕉が『おくのほそ道』の中で岩手県平泉に行き、その際に詠んだものです。

詩吟では、『おくのほそ道』シリーズを吟じるときは、俳句だけ吟じるのが一般的ですが、俳句が登場する前の紀行文から吟じ始め、俳句でしめる、といった吟じ方もします。

■泪を落し侍りぬ

三代《さんだい》の栄耀一睡《えいよういっすい》の中《うち》にして
大門《だいもん》の跡《あと》は一里《いちり》こなたに有《あり》。

秀衡《ひでひら》が跡《あと》は田野《でんや》に成《なり》て、
金鶏山《きんけいざん》のみ形《かたち》を残《のこ》す。
先《まず》、高館《たかだち》にのぼれば、
北上川《きたかみがわ》南部《なんぶ》より流《なが》るゝ大河《たいが》也《なり》。
衣川《ころもがわ》は、和泉《いずみ》が城《じょう》をめぐりて、
高館《たかだち》のしたにて大河《たいが》に落入《おちいる》。
泰衡《やすひら》等が旧跡《きゅうせき》は、衣《ころも》が関《せき》を隔《へだ》て、
南部口《なんぶぐち》をさし堅《かた》め、夷《えぞ》をふせぐとみえたり。
偖《さて》も義臣《ぎしん》すぐつて此城《このしろ》にこもり、
功名《こうみょう》一時《いちじ》の叢《くさむら》となる。
国破《くにやぶ》れて山河《さんが》あり、
城春《しろはる》にして草青《くさあお》みたりと、
笠打敷《かさうちしき》て、

時《とき》のうつるまで泪《なみだ》を落《おと》し侍《はべ》りぬ。

夏草《なつくさ》や兵《つわもの》どもが夢《ゆめ》の跡《あと》

（『おくのほそ道』より「平泉」／松尾芭蕉）

【通釈】藤原三代にわたる栄華も、今となっては夢のようであり、平泉の表門の跡は一里程手前にある。秀衡の館跡は、今では田や野原に変わり果て、秀衡が造らせた金鶏山だけが、その形をとどめている。まずは、高館に登ってみたが、そこから見える北上川は、南部地方から流れ来る大河である。衣川は、泉ヶ城のまわりを流れ、高館の下で北上川と合流している。泰衡たちの屋敷跡は、衣が関を隔てたところにあり、南部地方からの出入り口を固めて蝦夷の侵入を防いだと見られる。それにしても、よりすぐった忠義心のある家来たちが高館にこもり功名を競ったが、そうして得られた功名も一時の夢と消え、今では草が生い茂るばかりだ。杜甫の「国が破れ滅びても、山や河だけはむかしのままの姿で残っている。荒廃した城にも春はめぐり来るが、草木だけが生い茂るばかりだ」の詩を思い浮かべ、笠を置いて腰をおろし、いつまでも栄華盛衰の移ろいに涙したことであった。人気のないところに、今はただ夏草だけが生い茂るばかりだが、ここは、かつて義経主従や藤原一族の者たちが功名・栄華を夢見たところである。知るや知らずやこの夏草を眺めていると、すべてが一炊の夢と消えた哀れさに心が誘われる。

芭蕉が『おくのほそ道』の旅に出掛けたのは、源義経が奥州平泉で自害してからちょうど五百年後。

昔、災害や争いは怨霊のせいとされていましたから、義経の鎮魂を果たすため、当時の江戸幕府が芭蕉に命じて、彼ら（芭蕉と曾良《そら》）は奥州平泉へ下った、という説もあります。

この「平泉」では、芭蕉らが旅の目的地であった平泉にやっと辿り着いて見渡す景色、そして藤原三代の栄枯盛衰に思いを馳せます。漢詩に詳しい芭蕉は、唐の詩人、杜甫の『春望』の一説「国破れて山河あり城春にして」を引用します。そして時が過ぎるのも忘れて「泪を落し侍りぬ」＝泣いた、というのです。

＊　＊　＊

さて、このような紀行文は、時も場面もどんどん展開するので、詩吟で吟ずるときは、言葉で伝えるというよりも、音の調子で雰囲気を演出していきます。そして、最後俳句の部分でガラッと転調します。そこがまたかっこいい。より音楽的で琵琶《びわ》歌《うた》に近いかもしれません。『おくのほそ道』を題材としている詩吟に、第3章でもご紹介した「行く春や鳥啼き魚の目は泪」が登場する「旅立ち」や、第10章でご紹介する「塚も動け我が泣く声は秋の風」が登場する「金沢」など、同じような形式をとった詩吟がいくつかあります。詩吟で吟ずるのに一般的な七言絶句の漢詩と比較すれば随分と長いですし、あまり普段の稽古でやらないせいか、この詩吟を聞く機会がありませんでした。

私が「平泉」を初めて聞いたのは成人をすぎてからのある詩吟の大会でした。これを吟じていたのが尊敬する憧れのK先生とその教室の生徒さんたちによる10名以上の合吟でした。客席の最前列で聴いていたのですが、K先生と皆さんが吟じた「平泉」があまりにかっこよくて、もう感動して震えて涙がボロボロ落ちました。そして、絶対に自分でも吟じられるようになろう、と思った瞬間でもありました。

「泪を落し侍りぬ」の部分は、聞いても吟じても毎度感極まって涙が落ちそうになるから不思議です。「古池《ふるいけ》や蛙《かわず》飛《と》び込《こ》む水《みず》の音《おと》」など、わびさびで有名な芭蕉ですが、そんなクールを決めこんでいる芭蕉が「泪を落し侍りぬ」と感情的になる。

当てはあるけどいつ着くかもわからない当所《あてど》ない旅の目的地にやっと辿り着いただけでも泣いてしまいそうです。何かを成し得たり、無常な現実にぶち当たってしまったとき、本当はいつまでも泣いていてもいいのではないか。まったく遠い世界のようでいて、どこかでつながっている。そう思えるような詩です。

江馬細香（1787～1861）

江戸時代の女性漢詩人、画家。少女の頃から漢詩・南画に才能を示し、絵を玉潾・浦上春琴に、漢詩を頼山陽に師事する。頼山陽の愛人であったことでも知られる。

源頼政（1104～1180）

平安時代末期の武将・公卿・歌人。父は兵庫守仲正。長男。保元の乱、平治の乱で勝者の側に属し、戦後は平氏政権下で源氏の長老として中央政界に留まった。平家討伐の戦いをおこして破れ、宇治平等院で自害。

松尾芭蕉

※第3章「行く春や」参照。

▼コラム8 ◎和歌の響きを味わってココロも潤う！

詩吟では、和歌も吟じます。

和歌は、五七五七七のたったの三十一文字でできた詩。古くは奈良時代の『万葉集』から、平安時代の『古今和歌集』などに収められています。これらのように美しい日本語を一〇〇〇年以上も前から日本人は紡ぎ、大切にしてきました。

「あしびきの」や「ひさかたの」はある言葉の上につく語呂合わせの言葉。枕詞と言います。他にも掛詞といってひとつの言葉に二重に意味を込めたり、シャレたことをやっていたのです。

さて、詩吟で和歌を声に出して味わうことは、そんな日本人の大胆かつ繊細な表現方法を知ることにもなります。意味を調べるのももちろん良いですが、まずは声に出して味わってみましょう。なぜか懐かしい穏やかな気持ちに包まれます。そして古より日本人が伝え続けてきた「思いやりの心」が自然と身につきます。

第9章……九月　月見——お月見をしながら吟じたいロマンチック詩吟

■今夜は踊るぞー！　な詩吟

君歌《きみうた》へ我《われ》たち舞《ま》はむぬばたまの今宵《こよい》の月《つき》にいねらるべしや

（「君歌へ」／良寛）

【通釈】君は歌ってください。私は踊るから。今夜の美しい月を見もしないで、寝られるだろうか？（いや、寝られるわけがない）

九月と言えば十五夜《じゅうごや》のお月見です。いつにも増してお月様がまん丸く輝いています。そんな月のきれいな夜に吟じたい詩吟です。

「ぬばたまの」は「宵」にかかる枕詞です。「ぬばたま（射干玉）」は、ひおうぎという植物の名前。黒い実をつけることから、「ぬばたまの」の後には、黒・夜・夢・宵などの黒いイメージをもった言葉が続きます。この詩では、月の美しさを引き立てています。

そして、「今宵の月にいねらるべしや」の「べしや」は反語で、「〜であろうか？　いや〜ではない」です。よって、「今夜の美しい月を見もしないで、寝られるだろうか？　いや、寝られるわけがない」という意味になり、反語まで使って最大級に月の美しさを褒め称えています。

それにしても、冒頭の「君歌へ我たち舞はむ（君は歌え、私は踊るから）」は、何だか変だと思いませんか？「私が歌うので君は踊ってください」というのが自然のような気がします。

しかし、この詩の作者の良寛《りょうかん》は、君に歌わせて自分は踊りたくて仕方がないのです。「今宵の月にいねらるべしや」とは、さぞかしきれいな月を想像させますが、同時に、「今夜の月を見ずして寝られるものか。さあ踊るぞー！」という良寛の意気込みをあらわしているようにもとれます。

実際に良寛は踊りが好きで有名だったようです。谷川敏朗著『良寛の逸話』（恒文社）にある

「和尚の盆踊り」にはこうあります。和尚とは良寛のことです。

盂蘭盆《うらぼん》の前後、村の者たちは、狂ったように夜どおし踊りに興じた。和尚も楽しんだ。頭に手拭をかぶり、婦人の真似をしてみんなと一緒に踊った。ある男がそれを和尚だと見破り、側に近付き、「この娘の品のいいことよ、どこの家の娘だ」と言った。和尚はこの言葉を聞いて真に受け、たいそう喜び、だれかれに向かって、「どこぞの男が私を見て、『この娘の品のいいことよ、どこの家の娘だ』と言ったぞ」と自慢した。

良寛は女性に間違われたことを自慢していますが、実際は踊りに夢中過ぎて冷やかされたこともわからないでいる、という逸話です。他にも良寛は踊りたい欲求を和歌に詠んでいます。

風《かぜ》は清《きよ》し月《つき》はさやけしいざともに踊《おど》り明《あ》かさむ老《おい》のなごりに

（『はちすの露』／貞心尼編）

【通釈】風は清らかである。月は冴えて明るい。さあ、一緒に踊り明かそう。老いの思い出に。

こちらは月と風を理由に踊ろうといっています。また、「老のなごりに」とあるように、年老いていても踊りに夢中な良寛があらわれています。

＊　＊　＊

私も月のきれいな夜には無性に遊びに行きたくなります。秋の月の美しさは格別で、誰かと共有したくなるからかもしれません。

さて、もう一つ、月のでてくるロマンチックな詩です。

■良寛の思いやり溢れる詩

月《つき》よみの光《ひかり》をまちてかへりませ山路《やまじ》は栗《くり》のいがの多きに

（「月よみの」／良寛）

【通釈】月が出るのを待って、その光を頼りにお帰りください。山道には栗のいがが多くて、暗いと歩きにくうございますから。

またしても良寛です。

この詩は、良寛が住んでいた五合庵《ごごうあん》に訪れた、良寛のよき理解者であり支援者であった学者の阿部定珍《あべさだよし》が帰ろうとする時に詠んだ和歌です。

「月の光を待たれよ。山道は栗のいがが多いから危ないので」

と相手の身を案じた思いやりにあふれる良寛――。

しかし、はたしてそうでしょうか。ちょっと角度を変えると、良寛はお相手ともっと一緒にいたいがために、栗のいがを理由に帰らせないようにした、ともとれます。もし引き留める理由だったにせよ、思いやりにせよ、月の光を待たれよ、と言うのは風情がありますす。そんな粋な良寛はどんな人だったのでしょうか。

良寛は、宝暦八（一七五八）年、越後（新潟県）出雲崎《いずもざき》の名家・橘屋《たちばなや》の長男として生まれました。父の以南《いなん》は俳人で名主兼神官でもあったのですが、家業に力を注がず、一家は衰えていってしまいます。良寛は幼少時より読書に耽り、十歳で儒者の大森子陽《おおもりしよう》の狭川塾に入り漢学を学びます。その後、名主見習《なぬしみならい》となるのですが、親の期待に背き十八歳で曹洞宗光照寺に入り剃髪《ていはつ》して出家し禅の修行をはじめます。

以降、玉島（岡山県倉敷市）曹洞宗円通寺で修行を続け、三十三歳の時、国仙和尚《こくせんおしょう》より修了証ともいうべき印可《いんか》の偈《げ》を受け、その後三十五歳から四国行脚の旅にでます。それから五年後、以南は京都桂川に投身自殺。京都で法要の列に加わった良寛は、その足で越後に帰郷し、出雲崎を中心に乞食《こつじき》生活を続けました。四十七歳の頃、新潟の国上山《くがみやま》末にある真言宗国上寺《こくじょうじ》の五合庵に定住。近隣の村里で托鉢《たくはつ》を続けながら、子どもたちと鞠をついたり、漢詩や和歌を書いたり、阿部定珍と酒を飲んだり、盆踊りで踊ったり、『万葉集』を読んだりしていました。

そして、六十歳の頃には五合庵より国上山麓の乙子神社境内の草庵に移り住み、そこで晩年を過ごしました。

ところで、良寛の和歌は先の「君歌へ」も、この「月よみの」も、詩吟で吟じられる和歌の中でも異彩を放っています。ナチュラル詩吟教室の生徒さんの中でも、良寛の和歌が好きという人と、苦手だという人とにきっぱり分れます。

他の和歌と何が違うのだろうというのが長年の疑問でしたが、良寛の詩を何回も吟じているうちに決定的な違いに気付きました。それは、良寛の和歌が相手ありきの手紙ということです。

詩吟で吟じる題目の中でこういうものは珍しいのです。なぜなら、セリフと言っても過言ではないからです。なので、吟ずるとなるとちょっと恥ずかしい、と感じる方もいるようです。しかし、私が何回も吟じないと気付かないくらいですから、それほど気になりません。

良寛の和歌は、手紙でもあるのですが、反対に、その手紙が和歌のように美しい、味わいがあるとも言えます。そしてそれは、実際に良寛がやりとりしていた手紙の中に見てとれます。

良寛は七十歳のころ、貞心尼《ていしんに》という当時二十九歳の尼僧の訪問を受け、弟子にします。この貞心尼、若くして夫に先立たれ、二十八歳で剃髪しています。貞心尼はとても良寛を崇敬していて、憧れの良寛さまに会えたときは、嬉しくて夢のようだという和歌を詠んで贈っています。そしてそれに対する良寛も夢のまた夢のようだと返しています。良寛の死後、貞心尼が良寛との贈答歌をまとめた歌集『はちすの露《つゆ》』にそのときのものがあります。

はじめてあひ見奉《みたてまつ》りて
きみにかくあひ見《み》ることのうれしさも　まださめやらぬ夢《ゆめ》かとぞおもふ　貞
御《おん》かへし
ゆめの世《よ》にかつまどろみてゆめをまたかたるもゆめもそれがまに〳〵　師

良寛の亡くなる七十四歳までの四年間、こうして娘とも孫ともいえる弟子に慕われながら、良寛もそれを受け止め返して最晩年を終えたのでした。
また、良寛は別の尼僧とも関係がありました。良寛の学友で無二の親友であった三輪左市《みわさいち》の姪で、良寛より十五歳年下の維馨尼《いきょうに》です。良寛は幼い頃から彼女を知っていました。やがて彼女は佐市の兄の嫁となりますが、こちらも三十歳で夫に先立たれ尼になります。良寛は維馨尼が江戸に托鉢の旅に出たときに彼女を心配して漢詩の手紙を送っています。

君《きみ》は蔵経《ぞうきょう》を求《もと》めんと欲《ほっ》して
遠《とお》く故園《こえん》の地《ち》を離《はな》る
ああ吾《わ》れ何《なに》をか道《い》はん
天寒《てんさむ》し　自愛《じあい》せよ

「天寒し自愛せよ」

ひんやりした自宅の一室で、私はこれを読んで氷が溶けるような気持ちになりました。良寛の詩は、読む人の心を温めてくれるようです。やはり、思いやりに溢れています。

＊　＊　＊

さて、最後は盛唐の大詩人・李白《りはく》による月のでてくる漢詩です。

■君を思へども見えず

峨眉山月半輪秋
影入平羌江水流
夜発清渓向山峡
思君不見下渝州

峨眉山月《がびさんげつ》　半輪《はんりん》の秋《あき》
影《かげ》は平羌《へいきょう》　江水《こうすい》に入《い》って流《なが》る
夜清渓《よるせいけい》を発《はっ》して　三峡《さんきょう》に向《むか》ふ
君《きみ》を思《おも》へども見《み》えず　渝州《ゆしゅう》に下《くだ》る

（「峨眉山月の歌」／李白）

【通釈】峨眉山に、半輪の月がかかっている。その月の光は、平羌の江水を明るく映し出し、水は静かに流れてゆく。私はこの夜清渓を出発して三峡に向かったが、ここではじめて月が見えた。このあたり、山がつらなり特別な時刻でなければ、太陽や月の見えないところというが、やがて半輪の月に隠れてしまって、そのまま空しく渝州を通り過ぎたのであった。

峨眉山は、中国四川省の西部にある、標高三〇三四メートルもある高い山です。四川省の名山として知られ、月の名所でもあります。なみなみと連なる綾線は、まるで美人の眉のよう。峨眉とは、美人の眉のことを言います。

この詩は作者の李白が二十五歳のころ、少・青年期を過ごした蜀《しょく》（四川省）の清渓の地から大都会へと、希望と不安を抱きながら舟出した時の作品です。

この詩は李白の傑作中の傑作といわれています。その理由に、峨眉山・平羌・清渓・三峡・渝州という地名を五つも使っているということ。それにも関わらず、それらが日障りとならず、かえって詩のイメージを作り出しているということです。

峨眉山といえば、高山を想像し、平羌江といえば、ゆったりとした流れを連想させる。清渓は清々しい雰囲気。また、眉・平・清の文字は月の縁語（月を連想する言葉）になっています。つまり、固有名詞の文字の効果を巧みに活かしているのです。

さて、李白は「詩仙」と称せられた盛唐の大詩人です。中国西域で生まれ五歳で蜀に移住。父は西域との通商に従事していた富裕な商人で、李白に幼い頃から教育を受けさせました。

李白は、五歳で六甲《ろっこう》（干支《えと》）をそらんじ、十歳で老荘《ろうそう》をはじめ諸子百家《しょしひゃっか》を読みめさりました。十五歳で奇書（珍しい書）を読み、詩を作って文学の才能を発揮し、司馬相如《しばそうじょ》（前漢の文人）をも凌いだと自負しています。また、剣術を学んだり、峨眉山にこもって隠者とともに珍しい鳥を相手に暮らしていたとか。

二十五歳のころに長江を下り、蜀の地を離れ各地を巡り、安陸（湖北省）にきて、元宰相の孫娘と結婚します。のちに都の長安に出て朝廷おかかえの詩人となりますが、酒癖の悪さと無礼をはたらいたことで、朝廷を追放されてしまいます。

長安を追われた李白は、東都・洛陽で杜甫に出会います。杜甫は李白と並んで中国を代表する大詩人です。時に李白は四十四歳、杜甫は十一歳年少の三十三歳でした。この出会いを、中国の学者・聞一多《ぶんいった》は、「四千年の歴史の中で、これほど重大で、これほど神聖で、これほど記念的な出会いはない。それは青天で太陽と月とが衝突したようである」（『漢詩の解釈と鑑賞事典』前野直彬・石川忠久編、旺文社）と評しています。その後、詩人・高適《こうてき》も加えて、酒を飲み、詩を作り、愉快な日々を送ったのでした。宮廷を追い出された李白と、なかなか官僚になれない杜甫の交友は深く厚いものだったといいます。

杜甫の「詩聖」に対して、李白は「詩仙」と称され、その作風は相反するものでした。「春望」にも見られる物悲しい叙情詩ときっちりとした対句を得意とする杜甫に対し、長編古詩を得意とし、絶句に秀で、豪放であって筆の運ぶのにまかせて句ができあがるという天才詩人が李白でした。

李白の最期は、長江上に舟を浮かべて遊んでいたところ、舟中で酒に酔って川面に映った月をとろうとして舟から落ち、溺死したという逸話があります。

＊　＊　＊

ところで、「君を思えども見えず」の「君」を「月」と訳する文献が多いのですが、果たしてどうなのでしょうか。漢文学博士・石川忠久氏はこう捉えます。

君は月のことだととるのと、思う人、友人ととるのと二説あります。しかし、中国では、古い詩に「思う人を天の一方に望む」というのがありますから、ここでは月の姿に思う人をみている、ととるのがおもしろい。（『漢詩の世界』大修館書店）

ということは、この詩では、素直に思い出される愛おしい「君」を「月」にたとえて、はじめは深い谷間からも見えていたけれども、やがてその姿は見えなくなり、ただ離れて行くのみという故郷と、それに愛おしい君と離れるさみしさと、それを振り払って旅立つ李白の心情が描かれているのでした。

もしかしたら李白が思った「君」は美人な君なのかもしれません。半輪は三日月です。三日月の細く美しいカーブが美人の眉を連想させます。

良寛（1758～1831）

江戸時代後期の曹洞宗の僧侶。越後の歌僧良寛は出雲崎の名主の家に長男として生まれたが、十八歳で出家。脱俗的な生涯を送った。二十二歳の時備中玉島円通寺の国仙和尚に師事。十一年間修行をつむ。

その間、西国を行脚した。歌風は、万葉調を基調とするが、人格清高・無欲・明朗で自由独創性に満ちたところは評価が高く、漢詩・書に秀でた。歌集に『良寛歌集』がある。

李白（701 ~ 762）

中国盛唐の詩人。唐代のみならず中国詩歌史上において、今日に至るまで、同時代の杜甫とともに最高の存在とされる。生き方や自由な詩風から、「詩仙」と称される。

▼コラム9　◎カラオケが上手になって注目度アップ！

「同級生と久々にカラオケに行ったら、上手くなったと褒められた」

「合コンの二次会でカラオケに行ったら、高い声の歌が思いっきり歌えて評判が良かった」

などなど、カラオケが上手だと魅力的だし、注目度もアップ！

母の詩吟教室に通っている高校からの友人Fは、社会人になってから、

「良く声が通るけど、どうして？」

と聞かれることが多いので、

「詩吟をやっているから」

と答えているそうです。

「詩吟⁉」と相手はビックリする。そこから会話のきっかけにもつながります。

六十代男性の生徒さんは、詩吟を始めてから同級会で校歌を歌うときに、声が以前より良く出るようになり、歌うのが楽しくなったとのこと。オペラをされている同級の方に

「良く声が出てますね」と褒められたそうです。

さて詩吟を始めるとカラオケが上手になるのでしょうか。

答えはイエス！

まず、声が出しにくかった方は、マイクにのるような声量が出てきます。音痴だと悩んでいた方は、音がとれるようになってきます。音域が広がって、今まで出せなかった低い音や高い音が出るようになります。詩吟をすると、詩吟ができるようになるだけでなく、カラオケも上達するということです。

ちなみに、二十七歳という若さで亡くなった幕末の攘夷志士である高杉晋作も自ら詩作し吟じていました。彼と共に吉田松陰の松下村塾で育った久坂玄瑞《くさかげんずい》は詩吟の名手でもあり、久坂流というのがあるほどです。特に玄瑞は身長六尺（約一八〇センチ）、美男子で美声の持ち主だったそうで、玄瑞が吟じ始めると宴席はシンと静まりかえるほど。川べりで吟じても、女性達が集まってきてしまう。詩吟の上手な玄瑞は大いにモテたそうです。

カラオケ上手になって
モテる!?

第10章……十月　秋風――秋風が身にしみる味わい詩吟

■何でもない日常と普遍性

しづかにきたる秋風《あきかぜ》の
西《にし》の海《うみ》より吹《ふ》き起《おこ》り
舞《ま》ひたちさわぐ白雲《しらくも》の
飛《と》びて行《ゆ》くへも見《み》ゆるかな

道《みち》を伝《つた》ふる婆羅門《ばらもん》の
西《にし》に東《ひがし》に散《ち》るごとく
吹《ふ》き漂蕩《ただよわ》す秋風《あきかぜ》に
飄《ひるがえ》り行《ゆ》く木《こ》の葉《は》かな

あゝうらさびし天地《あめつち》の
壷《つぼ》の中《うち》なる秋《あき》の日《ひ》や
落葉《おちば》と共《とも》に飄《ひるがえ》る
風《かぜ》の行衛《ゆくえ》を誰《たれ》か知《し》る

（「秋風の歌」／島崎藤村）

十月。いつの間にか肌寒くなってすっかり秋です。空は高く澄んで、白い雲がぽっかり浮いて流れている。どこからともなくやってくる冷たい秋風。そんな秋風に吹かれながら吟じたい、まさに「秋風の歌」という詩吟です。

この詩自体は全十一連からなる長いものですが、詩吟ではその中から右の三連を抜粋し、また、最後の一行「風の行衛を誰か知る」を異なる節をつけて繰り返し吟じます。

さてこの詩、ただ淡々と秋風の情景描写をしているようですが、何かざわざわしたものがあると思いませんか。特に二連目の「婆羅門」という言葉がただならぬ雰囲気を醸し出しています。「婆羅門」なんて漢字で見ても立派ですが、声に出して「バラモン」という音もなかなか面白い。バラモンとは、インドで最高位の指導者の名です。ということは、この詩では仏教の思想をうたっているのでしょうか。確かに何とも言えぬ無常観に溢れていますが、むしろ全体的に牧歌的雰囲気が漂っています。

ここで問題です。

牧歌的というのはキリスト教をあらわすワードです。キリスト教の宗教絵画には農夫が種を蒔いたりしている牧歌的な姿が描かれています。教会で歌う賛美歌やその音楽も牧歌的な様をあらわしています。ということは、この「秋風の歌」は「婆羅門」という言葉から醸される仏教的な要素と全体に漂う牧歌的な要素が混在している。他宗教の観念が入り混じるという事態が起こっているのです。

さて、どうしてこういうことになってしまったのでしょうか。

この詩が発表されたのは明治三十年頃、作者である島崎藤村は二十五歳。藤村は若い頃、一時的にキリスト教に入門します。後に脱退しますが、キリスト教や西洋詩からの影響がこうして詩作に反映されています。

しかし、藤村が当時住んでいた仙台の名懸町三浦屋周辺には歩いて五、六分のところに報恩寺があり、そこから東にはいくつもの寺があったといいます。つまり、「道を伝ふる婆羅門の」＝お寺のお坊さんが、「西に東に散るごとく」＝西に東にそこいらじゅうにいた、ということ。この詩では、秋風とともにいかにも厳かに意味あり気に言葉が語られていますが、何でもない日常の周辺の様子が述べられているのです。

藤村の詩は、発表された当初は前衛的に映ったようです。普遍的でもののあわれをも感じさせながらも、自由と死をも感じさせる気配。現代の私たちにとっても、どこか新鮮さは失われていません。

明治三十七年に出版された自選集『藤村詩集』にある「合本詩集初版の序」には、こう記されてあります。

つひに新しい詩歌のときは来たりぬ

思わず声に出して読んでみたくなるかっこいい一文です。まるで群衆の意志を束ねる先導者の力強い言葉のようです。藤村は意識的に新しい詩歌の方法に挑んでいたのでした。

続いてさらに胸をしめつけるような言葉たちに出会います。

なげきと、わずらいとは、わが歌に残りぬ。
思えば言うぞよき　ためらわずして言うぞよき

序章という散文の中で韻文詩の形になっています。なお、この形式は西洋や中国などの即興詩の方法です。韻を踏んで熱狂させる。藤村のやり方は日本人にとっては新しかったけれども、取り入れたものは人類や文明や言語の方法の王道だった。だから、島崎藤村の詩は、普遍的でいつ読んでも新鮮で力強いのではないでしょうか。

＊　＊　＊

さて、物悲しさと普遍性を代弁する「秋風」ですが、次の詩では、秋風とともに英雄の末路を詠じています。

■巨星・諸葛孔明を讃えた詩吟

祁山《きざん》悲秋《ひしゅう》の風《かぜ》更《ふ》けて

陣雲《じんうん》暗《くら》し五丈原《ごじょうげん》
零露《れいろ》の文《あや》は繁《しげ》くして
草《くさ》枯《か》れ馬《うま》は肥《こ》ゆれども
蜀軍《しょくぐん》の旗《はた》 光《ひかり》無《な》く
鼓角《こかく》の音《おと》も今《いま》しづか

丞相《じょしょう》 病《やまい》篤《あつ》かりき

高眠《こうみん》遂《つい》に永《なが》からず
信義《しんぎ》四海《しかい》に溢《あふ》れたる
君《きみ》が三《み》たびの音《おと》づれを
背《そむ》きはてめや知己《ちき》の恩《おん》
羽扇綸巾《うせんかんきん》風《かぜ》軽《かろ》き

姿《すがた》は替《か》へで立《た》ちいづる
草廬《そうろ》あしたのぬしやたれ

嗚呼《ああ》五丈原《ごじょうげん》秋《あき》の夜半《よは》
あらしは叫《さけ》び露《つゆ》は泣《な》き
銀漢《ぎんかん》清《きよ》く星《ほし》高《たか》く
神秘《しんぴ》の色《いろ》につゝまれて
天地《てんち》微《かす》かに光《ひか》るとき
無量《むりょう》の思《おもい》齎《もた》らして
「無限《むげん》の淵《ふち》」に立《た》てる見《み》よ
功名《こうみょう》いづれ夢《ゆめ》のあと
消《き》えざるものはたゞ誠《まこと》
心《こころ》を尽《つく》し身《み》を致《いた》し

成否《せいひ》を天《てん》に委《ゆだ》ねては
魂《たましい》遠《とお》く離《はな》れゆく

高《たか》く尊《とうと》きたぐいなき
「悲運《ひうん》」を君《きみ》よ天《てん》に謝《しゃ》せ
青史《せいし》の照《て》らし見《み》るところ
管仲《かんちゅう》楽毅《がっき》たそや彼《かれ》
伊呂《いりょ》の伯仲《はくちゅう》眺《なが》むれば
「萬古《ばんこ》の霄《そら》の一羽毛《いちうもう》」
千仞《せんじん》翔《か》くる鳳《ほう》の影《かげ》
草廬《そうろ》にありて龍《りょう》と臥《ふ》し
四海《しかい》に出《い》でゝ龍《りょう》と飛《と》ぶ
千載《せんざい》の末今《すえいま》も尚《なお》

名《な》はかんばしき諸葛亮《しょかつりょう》

（「星落秋風五丈原」／土井晩翠）

【解説】 三国志の中でも、諸葛孔明《しょかつこうめい》にスポットを当てて、その後半生を描いた作品。劉《りゅう》備《び》に三顧《さんこ》の礼で迎えられた孔明は、その才知を駆使し、劉備を蜀の皇帝に就かせ、劉備亡き後、息子の劉禅《りゅうぜん》をよく守り立て、宰相として蜀の国を統治していたが、隣国・魏の国と五度、五丈原で覇を競い、終に、その陣中で病に倒れたのである。

これは、諸葛孔明の最期を詠った歴史叙情詩、土井晩翠《どいばんすい》の「星落秋風五丈原《ほしおつしゅうふうごじょうげん》」です。一見して長いのはご覧の通りですが、元の詩はこの十倍ほどの三百四十九行あります。その中から抜粋された、序盤、諸葛孔明が五丈原で没するに始まり、中盤で彼の後半生の活躍が綴られ、終盤は英雄・孔明を讃えるという内容に構成されています。

諸葛孔明は、中国後漢末期から三国時代の蜀漢の政治家であり有能な軍人です。三国時代の歴史を描いた有名な書物『三国志』に登場する英雄でもあります。日本では、江戸時代前期、元禄二（一六八九）年より、中国の『三国演義』を平易に訳した『通俗三国志』（五十巻）が刊行され流通し、江戸の物語文学にも影響を与えました。「星落秋風五丈原」では、その『三国演義』を土台に諸葛孔明にスポットを当てて書かれたものです。タイトル「星落秋風五丈原」は、

『三国演義』の中で引かれている七言絶句の結句「星は落つ秋風五丈原」からとられたものと言われています。「巨星こと孔明は、秋風の五丈原に落ちてしまったのだ」という意味。少しずつ詩文を読み解いてみましょう。まずは序盤。

祁山悲秋の風更けて
陣雲暗し五丈原

孔明率いる蜀軍が六度出陣した祁山にも、もの悲しい秋の風が吹いて、五丈原に布陣したが暗い。どうしてか。

零露の文は繁くして
草枯れ馬は肥ゆれども
蜀軍の旗光無く
鼓角の音も今しづか

露のしずくの輝きが文模様を織りなす中秋。天高く馬肥ゆる秋でありながら、蜀軍の旗には光もなく、軍鼓と角笛の音も聞こえない。

丞相病篤かりき

蜀の丞相（君主を補佐する最高位）、諸葛孔明は、この時、病に伏していたのだ。ここで序盤の詩的現在は終わり、続いて中盤は回想です。

高眠遂に永からず
信義四海に溢れたる
君が三たびの音づれを
背きはてめや知己の恩
羽扇綸巾風軽き
姿は替へで立ちいづる
草廬あしたのぬしやたれ

孔明は蜀の君主・劉備から「三たびの音づれ」（三顧の礼）を受け、それに「知己の恩」を感じ、羽扇と綸巾を身にまとい、姿を替えて草廬（粗末な家）をあとにする。「羽扇」は羽根で作った扇、「綸巾」は青い帯ひもの頭巾、この「羽扇・綸巾」は孔明の知性と風雅をあらわすシンボルです。

そしてそれからのお話は詩吟では省略され、終盤になり五丈原の詩的現在に戻ります。この詩の総括とも言うべき孔明の臨終シーンです。

鳴呼五丈原秋の夜半
あらしは叫び露は泣き
銀漢清く星高く
神秘の色につゝまれて
天地微かに光るとき
無量の思齎らして
「無限の淵」に立てる見よ
功名いづれ夢のあと
消えざるものはたゞ誠
心を尽し身を致し
成否を天に委ねては
魂遠く離れゆく

軍中で戦うこともできず病で死んでしまう孔明。その思いは推し量れない程。功名はいずれ夢と消えるが、消えないものは「誠」。誠心誠意を尽し、成否を天に委ね、魂はその身を遠く離れてゆく……。

そして終盤。孔明の生涯を歴史的に位置づける、元の詩でも最終節となる十一行です。

高く尊きたぐいなき
「悲運」を君よ天に謝せ
青史の照らし見るところ
管仲楽毅たそや彼
伊呂の伯仲眺むれば
「万古の霄の一羽毛」
千仭翔る鳳の影
草廬にありて龍と臥し
四海に出でゝ龍と飛ぶ
千載の末今も尚
名はかんばしき諸葛亮

病死は「悲運」ではあるが、「高く尊きたぐいなき」ままであったことは、「天に感謝せよ」と。「青史」とは「歴史」の雅称。その「青史」に照らしてみれば、孔明が憧れていた春秋時代（前八世紀～）の名宰相「管仲」も、戦国時代（前五世紀～）の名将「楽毅」も、もはや孔明とは比較にならない。では、孔明と比較すべきは誰か。それは「伊呂の伯仲」、つまり殷《いん》（前十七世紀～）の伝説的宰相「伊尹《いいん》」と、周《しゅう》（前十一世紀～）の名軍師「太公望呂尚《たいこうぼうりょしょう》」、その二人の中間に孔明は位置すると言い、「一羽毛」が天空を独歩する「鳳凰」である、そして一〇〇〇年たった今でも名を残している、と孔明を大絶賛しています。

なぜ、ここまで孔明を絶賛するのか。『三国演義』がもともと孔明主体で描かれているということもありますが、それ以外にも杜甫をはじめ、多くの漢詩人が孔明を賛美した漢詩を残しています。この詩の作者の土井晩翠はそれらの漢詩に最も強く影響を受けたのではないでしょうか。なぜなら漢詩にある格調の高さ、リズムの良さを、この詩は失っていないからです。

晩翠は、明治四年生まれ。前出の島崎藤村は明治五年生まれ。時代の転換期に生まれた彼らは、新しい言葉と詩形とを熱心に追求していました。

「星落秋風五丈原」は、三百四十九行すべて七五調で構成されています。七五調は伝統的な形式ですが、それ以外は自由。元よりこの膨大な量が自由さと新しさを象徴しています。全編にわたる七五調と漢詩の訓読調が多分に盛り込まれたこの詩は、まさに声に出して鑑賞する「詩歌三国志」とも言えます。また、一行一行の叙景が漫画の一コマのように浮かび上がってきます。

晩翠の生まれは仙台で、代々質屋を営む裕福な家庭でした。晩翠の父は稼業のかたわら、和歌や俳諧に親しみ、晩翠も幼い頃から『三国志』や『太閤記』、『水滸伝』などを読み、また四書《しし》の素読《そどく》の教育も受けていたといいます。そのような教養のもと、こうした多彩な表現方法を駆使し、様式的でありながら、躍動感に溢れた壮大な歴史叙情詩を生み出したのでした。

＊＊＊

長文で朗読だけでも味わうに足る「星落秋風五丈原」ですが、詩吟として吟じる場合、節付けは、詩の内容に合わせて、中盤から終盤にかけて大変盛り上がります。詩吟として調子と節がのることで、この詩がさらに激しく凛々しく情熱的に立ち上がって甦り、諸葛孔明という英雄を讃えているという情感が表現されます。結果、聴いても吟じても味わえる「詩吟三国志」として楽しむことができます。

ところで、この詩の中で私が好きな一文は、「「無限の淵」に立てる見よ」と「消えざるものはたゞ誠」です。普段の生活の中でちょっとたそがれたいとき、あともう一踏ん張りというとき、これらの一文がガーンと響いて使命感に満ち満ちてくることがあります。

この詩の内容についてですが、『三国志』や諸葛孔明に関してはファンも多いことでしょう。私は、兄の所蔵する横山光輝の漫画『三国志』が幼い頃から実家にあったので、何度かトライしてみたのですが、どうも頭に入ってこず挫折してしまいました。面白い勉強方法はないものかと模索した挙げ句、諸葛孔明をインターネットで画像検索してみると、ものすごいイケメンがぞろぞろでてきました。英雄というのはかくありきと言わんばかりです。

それもそのはず、『三国志』を舞台にした超大作映画『レッド・クリフ』(二〇〇八、二〇〇九年公開、中国・香港・日本・韓国・台湾合作)でアジアのビッグ・スターたちが『三国志』の英雄を演じています。ちなみに諸葛孔明役は金城武さんです。かっこいいし、頭もいいし、礼儀正しいし、沈着冷静だし、「星落」にある「高く尊きたぐいなき」とはこのことか、と詩の内容とイメージが合致してきました。

諸葛孔明のことや歴史背景に関してはとりあえず『レッド・クリフ』を観てください。二部構成の超大作で観るのに時間を要しますが、とてもわかりやすいし面白いし勉強になります。

これを観てから吟ずるもよし、吟じてから観るもよし、もともと『三国志』まわりが好きな人は観なくてもよしです。もともとかっこいい諸葛孔明をいかにもかっこよく詩吟として吟じることができます。

■詩吟が出てくる映画

さて、映画と言えば、詩吟が登場する映画があります。小津安二郎監督の『彼岸花』（一九五八年公開）という映画です。小津監督初めてのカラー映画。現在はＤＶＤも出ています。

映画のあらすじは、年頃の娘を持つ父親たちとその家族の話し。主人公は年頃の娘をもつ父親役の佐分利信。詩吟を吟じるのはその同級生で、娘が男の元へ出ていってしまった父親役の笠智衆。

映画終盤で、主人公が同窓会で仲間達と酒を飲み、おまえんとこの娘はどうだとか話す。その中で誰かが、

「おまえあれやれよ」

と同級生役の笠智衆に言う。

「やれやれ」

とみんなからけしかけられて、笠智衆は、

「じゃ、やるか、ちょっと時代がずれとるぞ」

と言ってから姿勢をただし、

「楠《くすのき》　正行《まさつら》如意《にょい》輪堂《りんどう》の壁板《へきばん》に辞世《じせい》を書《しょ》するの図《ず》に題《だい》す」

とタイトルを言って吟じ始めます。

みんな押し黙って神妙な顔で聞き入っている。

その間、一人一人が小津映画の独特の紙芝居のようなカットで映し出されます。

吟じられていた詩吟は、元田東野《もとだとうや》作「小楠公《しょうなんこう》（芳山《ほうざん》楠《くすのき》帯刀《たてわき》の歌）」というもの。七言律詩《しちごんりっし》が二つあって、真ん中に楠正行の辞世の句がはさまっている。最後にも二句ついている。つまり、一般的な七言絶句の詩吟の倍以上の長さがあります。これを映画の中で延々と吟じています。

そんなわけで、詩吟のシーンは結構長いのです。

長い詩吟を人前でやるのは、吟じる方としてはちょっとはばかられます。

映画の中でも笠智衆は遠慮して、

「長いぞ」

と断りをいれたり、途中でやめてしまって、みんなにもっとやれと言われていました。

最後は、聞き終わった仲間の一人が、

「やっぱり、いいもんだなあ」

と言います。

笠智衆の詩吟は大きな声というわけでもなく、いわゆるうなる感じ。二句三息《にくさんそく》型のスパスパッとしたさっぱり詩吟。長いので展開も豊富で聞き応えがあるものでした。

途中で出てくる楠正行の辞世の句、

「かえらじと～かねて思えば梓弓《あずさゆみ》～」

は、笠智衆の演じる「男の元へ出て行ったまま帰らぬ娘」を持つ父の思いと重ねてみんな神妙に聞いている、と感じさせられるほどでした。

この映画を観て詩吟に興味を持たれ、入会された二十代の生徒さんもいます。他の生徒さんにもあの映画の詩吟のシーンが好き、という話を聞いたことがあります。それほど印象的に映るシーンなのでした。

■軍国主義と詩吟

笠智衆は、『彼岸花』より前の小津監督作品で、すでに詩吟を吟じていました。一九四二年公開の『父ありき』という映画です。こちらでも同窓会で詩吟を吟じているシーンがあるのですが、この映画は戦時中の製作で、敗戦後に詩吟のシーンはGHQによりカットされてしまったそうです。

笠智衆が映画の中で吟じていた詩吟は、明治の海軍軍人・広瀬武夫作の「正気の歌」でした。「四十七士」や「楠一族」「西郷隆盛」「安政の大獄」「菅原道真」に至るまで、勤皇の英雄たちがその漢詩に登場します。

笠智衆は自著『俳優になろうか』（朝日新聞社）でこう語っています。

東京・京橋フィルムセンターで『父ありき』を見せてもらったら、録音状態がすっかり悪くなっているうえに詩吟の場面ではスパッとカットされていた。戦後、フィルムが米軍に押さえられてアメリカへ持って行かれていたらしく、詩吟など軍国主義的だとされたらしい。

しかし、二〇〇〇年代になってGHQの検閲前にロシアに輸出されていたフィルムが日本に戻ってきました。現在はDVDも出ています。

詩吟が占領下、軍国主義としてGHQによって抑圧されていたということが、このエピソードで生々しく感じられました。

「正気の歌」のような内容の詩吟は、昨今でも当たり前に吟じられているので、勤皇の思想がいけなかったのだろうか、軍人が作ったものだからだろうか、どうしてダメだったんだろうと正直疑問に思いましたが、そもそも詩の内容云々ではなく、詩吟が戦時中に士気鼓舞に用いられていたのが、戦後の詩吟抑制の由縁でした。

しかし、戦後ほどなくして詩吟は復活します。

日本詩吟学院の開祖で、昭和初期より近代吟詠の普及に力をつくした木村岳風《きむらがくふう》は、占領下、軍国主義の印象が残る詩吟のイメージに対し、昭和二十五年八月発行の会報誌「吟友」で、

寧ろ進駐軍の人々は日本の詩吟を聞くことが大層好きであります。

（『木村岳風』日本詩吟学院）

と述べています。また、

古来詩歌の朗吟は情操教育に活用され、人心を正し、和らげる上に大切な役割を果たして来た事は歴史に明らかであります。もっとも戦時には士気鼓舞に用いられましたが、この点は他の音楽歌謡も同一であります。

（同前著）

とも述べています。こうして木村岳風をはじめ、多くの詩吟愛好家たちの手によって日本音楽としての詩吟は復活しました。

そして戦後以降、士気鼓舞の精神というよりは、西洋音楽を取り入れたものだったり、芸能性を重視した演歌のような詩吟が流行します。

輪島裕介氏の『創られた「日本の心」神話――「演歌」をめぐる戦後大衆音楽史』（光文社）によると、現在ある音楽の一ジャンルとしての演歌は戦後に生まれたもので、演歌自体はアジア音楽と日本の歌唱を合わせたもの。演歌は日本の歌唱を聞いて楽しめる商業音楽に仕上げたものでした。ここで気を付けなければならないのは、詩吟が演歌のような扱いになると、とびきり歌唱力がないといけないように感じてしまいがちだ、という点です。しかし、もともと聞いて楽しむ音楽ではなく、文学を味わうために自らが吟ずるという詩吟は、美空ひばりのようなスターでなくても、誰にでも歌うことができるのです。
江戸末期からおこって二百年もの間、多くの人に吟じられてきた詩吟は人々にとって何か重要な役割を果たしてきたのではないでしょうか。

＊　＊　＊

さて、最後は松尾芭蕉の「秋風」が入った俳句です。

■私の泣く声でお墓も動け

塚《つか》も動《うご》け我《わ》が泣《な》く声《こえ》は秋《あき》の風《かぜ》

（「塚も動け」／松尾芭蕉）

【通釈】この人の死を悲しんで泣く私の声で墓も動け。その声は、野辺をわたる秋の風のさびしい声と一体のものである。

これは、松尾芭蕉の『おくのほそ道』の「金沢」に登場する俳句です。「塚」とは、お墓のこと。「塚も動け」とは「お墓も動け」ということ。しかも「我が泣く声」で。つまり、「私の泣く声でお墓も動け」と言っています。そして最後、「秋の風」がその激しい感情を吸収しているかのようです。

この俳句の作者・松尾芭蕉は紀行文『おくのほそ道』の旅の途中で金沢に立ち寄ります。金沢は加賀百万石の城下町で文化都市。蕉風《しょうふう》の門人もたくさんいました。芭蕉は彼らに会うことを楽しみにしていたし、彼らも師匠に会えることを首を長くして待っていました。

しかし、金沢の蕉門の中でも中心人物であった小杉一笑《こすぎいっしょう》は、芭蕉が金沢を訪れた一年前に、すでに三十六歳という若さで亡くなっていました。芭蕉はそのことを聞かされておらず、金沢に着いた時には、時すでに遅かったのでした。

芭蕉が金沢に滞在してから一週間後、一笑の追善供養が行われ、この俳句はその際に詠まれたものです。

つまり、この俳句は亡くなった一笑に手向けられたものです。「塚も動け」という命令口調と字余りは、芭蕉による弟子の一笑の死に対しての口惜しさと深い悲しみが込められています。そこには、いかにも悲しみを表わすしんみりじめじめした雰囲気はありません。実際に予期せぬ死別に直面したときの、怒りにも似た複雑な感情がリアリティをもって表出しています。それは実際にこの詩が、故人に向けられたものであるからなのでしょう。

＊　＊　＊

数年前、知人が若くして亡くなってしまった時のこと。こういうこともあるから仕方がないと自分では落ち着いているつもりだったのですが、気付かぬうちに気分が塞ぎがちになっていました。

そんな中、思い立って誰もいないビルの屋上で思いっきりこの俳句を吟じてみました。もちろんお墓が動いてほしいと思っていませんし、その時は真夏でした。芭蕉の個人的な話とは無縁ですが、吟じ終わると何だか一瞬力を取り戻したような感じになりました。この俳句はそういう力も秘めている。

また、詩吟で大きな声を出すことが、無力感の放出にもなるということを強く実感した瞬間でした。

島崎藤村

※第5章「初恋」参照。

土井晩翠（1871〜1952）

日本の詩人、英文学者。本名、林吉《りんきち》。仙台生まれ。本来姓は「つちい」だったが昭和初期に改称した。仙台英語塾、第二高等中学を経て明治二十七年、東大英文科入学。在学中に『帝国文学』の編集委員となり、詩を発表。三十一年、東京音楽学校から中学唱歌作成の依頼を受け「荒城の月」を作詩。三十二年、『天地有情』を出版。藤村と並び称された。三十三年より第二高等学校に英文学を講じ、その間『暁鐘』（三十四年）、『東海遊子吟』（三十九年）等の詩集を出版。昭和二十五年文化勲章を受ける。

松尾芭蕉

※第3章「行く春や」参照。

▼コラム10　◎美味しくてのどにいいショウガカルピス

ショウガカルピスの作り方：

①マグカップにショウガ一かけをすり下ろす
②①にカルピスの原液を指二本分入れる
③お湯でうすめる

どうしても喉に負担がかかってしまったり、使い過ぎたかな、というような疲労感を感じたら、ショウガカルピスがおすすめです。ショウガは喉に良く、身体もぽかぽかに温まります。また、元気も湧いてきます。ホットカルピスのやさしい甘みと温かさに癒されます。しかもとっても美味しいです。

しょうがカルピス

第11章……十一月　酒——お酒を呑みながら吟じたい味わい詩吟

■こんな良い夜はめったにない

甲陽美酒緑葡萄
霜露三更湿客袍
須識良宵天下少
芙蓉峰上一輪高

甲陽《こうよう》の美酒《びしゅ》　緑葡萄《りょくぶどう》
霜露三更《そうろさんこう》　客袍《かくほう》を湿《うるお》す
須《すべか》らく識《し》るべし良宵《りょうしょう》　天下《てんか》に少《まれ》なるを
芙蓉峰上《ふようほうじょう》　一輪高《いちりんたか》し

（「還館口号」／荻生徂徠）

【通釈】甲斐のうま酒、それは緑うるわしいぶどうから造られる。その美酒を含みつつ、はや時は三更（夜半）、霜や雨がわれわれの衣服をしめらせる。ご覧あれ、こんな良い夜はこの世にめったにあるものではない。はるかに遠く、富士の上には一輪の月が一際明るくかかっているではないか。

秋も深まってまいりました。夏のビールも美味しいですが、秋のお酒は格別です。詩吟にはお酒の登場するものがいくつかあります。なかでも美味しいお酒と絶景最高！といった上がり調子の漢詩です。

「甲陽」は甲斐の国。「美酒」というのがいかにも美味しそうです。そして「緑葡萄」これはいかにも白ワインのようですが、当時の「緑」は「グリーン」ではなく、「藍色」を指すので赤ワインです。地元の果実で作った酒。キラキラつやつやした麗しいイメージが湧いてきます。そして「三更」。夜を五つに分けた五更の三番目のことで、零時から二時頃です。夜中の霜露が「客袍（衣服）」を湿らせます。そして、転句では、「須く識るべし良宵天下に少なるを（こんな良い夜はこの世にめったにあるものではない）」つまり、「今夜ほど良い夜はない！」

と声高らかに言い放ちます。なぜなら、「芙蓉峰」は富士山の雅称。その上には、「一輪」、つまり、まんまるお月様も輝いていたというわけです。

この詩の作者・荻生徂徠《おぎゅうそらい》は、江戸初期の儒学者です。徳川綱吉の侍医であった父の下、五歳で文字を知り、七歳から師について学び、九歳で詩を作っていたと言います。二十七歳で私塾を開き、三十一歳の時、当時の権力者になりつつあった大大名の柳沢吉保《やなぎさわよしやす》に儒者として召し抱えられました。吉保は甲府十五万石の藩主となっており、この漢詩は、徂徠が吉保の命で甲府に行き、江戸に戻ってから「峡遊雑詩十三首《きょうゆうぞうしじゅうさんしゅ》」と題して作られた中の一首です。

荻生徂徠は江戸時代当時はとても有名でした。なぜなら、これまでの儒学に反対し「古文辞学《こぶんじがく》」という独創的な学問をうちたて、古語の意義を機能的に研究して、後世の注に頼らず、直接に先秦古典《せんしんこてん》（「論語」など）の本旨を知るべきとし、時代の思考方法を一変させたからなのでした。

それまでの儒学は簡単に言うと、良いものは良い、悪いものは悪い、だから良いことをすべきだ、という非常に堅い思想でした。しかし、徂徠の考えは、良いことも悪いこともあって世の中がある、というものでした。また、儒学を学ぶのに漢文の表面だけを追うようなことをせず、その思想を平易な日本語に訳して実用的な学問にすることによって、江戸庶民一般に広く儒学を広めたのでした。

このような偉業を成し遂げた荻生徂徠ですが、実はお酒、タバコが大好き。門人に対しても道徳だの人格だの厳しいことは言いませんでした。そのせいもあって、徂徠学派といえば飲酒放蕩の輩、いろいろ面倒をおこして一部では疎まれていたそうです。一方で、学者らしくない面白おかしいエピソードが満載で、実際に講談、落語、浪花節の主人公として語り継がれているほどの人気ぶりでした。

そんな庶民的な小咄がつきない荻生徂徠が、葡萄酒を飲んで酔っ払って、「今夜ほど良い夜はない！」と言っている様子が目に浮かびます。

どんなときも「今夜は最高！」とお酒を飲むと毎回言っている明るい友人や、普段は難しい仕事をしているのにお酒を飲むとむちゃくちゃになる先輩だとか、そういうどこにでもいそうな荻生徂徠像にシンパシーを感じます。

＊　＊　＊

さて、お酒は楽しいですが、調子に乗ってうっかり粗相はつきもの。翌日枕に顔を埋めて自分の昨晩の熱いトークの恥ずかしさに悶絶なんて経験ないでしょうか。お財布が亜空間に消える（一瞬見当たらなくなるがすぐ見つかる）なんてことは？　必ずグラスを倒してしまう、果ては路上で沈没……云々。

次は、そんな粗相が予期される宴の前に、潔くことわりをしておく一詩です。同じく「美酒」がでてきます。

■君笑うことなかれ

葡萄美酒夜光杯
欲飲琵琶馬上催
酔臥沙場君莫笑
古来征戦幾人回

葡萄《ぶどう》の美酒《びしゅ》　夜光《やこう》の杯《はい》
飲《の》まんと欲《ほっ》すれば　琵琶《びわ》馬上《ばじょう》に催《もよお》す
酔《よ》うて沙場《さじょう》に臥《ふ》す　君笑《きみわろ》うこと莫《なか》れ
古来征戦《こらいせいせん》　幾人《いくにん》か回《かえ》る

（「涼州詞」／王翰）

【通釈】血のように真っ赤な葡萄のうま酒を、夜星の光でもひかるという美しい杯で飲む。飲もうとすると、琵琶を馬上でだれやらジャラジャラジャラジャラ早いテンポでかきならしている。したたか飲んで酔いつぶれ、そのままへべれけになって砂漠の上に倒れふしてしまった私を、諸君どうか笑わないでくれたまえ。昔からこんな辺地に出征して、無事生還できた人がどれだけいるであろうか。

「涼州詞」とは、涼州地方のうたという意味です。涼州は現在の甘粛省《かんしゅくしょう》武威市《ぶいし》で、唐時代には、シルクロードに通ずる西北の辺境地帯でした。その涼州あたりではやっていた曲が「涼州詞」で、王翰《おうかん》、王之渙、張籍《ちょうせき》などの詩人が曲にあわせて歌詞を作りました。よって「涼州詞」という詩はたくさんありますが、この詩はその中でも有名な作品です。

前半は、美味しそうな「葡萄の美酒」、美しいビロードの「夜光の杯」、ペルシアが発祥と言われる楽器「琵琶」と続き、オリエンタルな雰囲気が漂います。みなシルクロードから伝わったものやその地方の産物で、涼州という地方にふさわしいものばかりです。

しかし、後半、どうやら様子がおかしい。酔っ払って砂漠に倒れても笑わないでくれ。戦争へ行ったものが幾人帰ってきたというのか。

つまりこの詩は、ワインを飲んで琵琶を弾いて楽しい宴会と思いきや、戦争に出た兵士が、辺境の地で酔っ払って明日をも知れない命を嘆いている、という漢詩なのでした。

この詩の作者・王翰は、若いころから豪放で、酒を飲み、名馬を飼い、妓女や楽人を侍らせ、自由奔放に生きていました。その言動は王侯のようであったといいます。

宰相の張説《ちょうえつ》に招かれ秘書正字《ひしょせいじ》となり駕部員外郎《がほういんがいろう》に抜擢されましたが、張説の失脚後は飲酒と放蕩が過ぎて中央から河南・湖北へと左遷され、そこで没します。王翰は塞外の地へ行った経験はありませんが、高適《こうせき》・岑参《しんじん》らと同様、辺塞《へんさい》詩人とも呼ばれ、この詩は辺塞詩の最高傑作の一つであるといわれています。

ところで、この詩の戦場を前に酔いつぶれる、という状況。なんだか思うところがあります。

社会人になりたての頃、高校の同級生の仲間たちとよく飲んでいました。馬鹿騒ぎしていた高校生の頃とはわけが違うことにみんな薄々気付いている。社会という荒波にもまれ、だんだんつまらない大人になってゆく。あるとき、大変酔っ払った粋のいい友人Mが、

「ドントビーオールドだぜ！（古くなるなよ！の意）」

と叫び、パチンコ屋さんの前に積んであったゴミ袋の山にダイブしていました。

酔っ払ってゴミ山に突っ伏している彼はまさしく、

「酔うて沙場に臥している、君笑うことなかれ」

みんなも酔っ払っていたので、Mに続き次々とゴミ山にダイブし、ストレス発散していました。

しかし、調子に乗り過ぎたせいか、ゴミダイブ後しばらく歩いていると、見るからに十代の年若いヤンキーから因縁を付けられてしまいます。

まさかの出来事だったので、対処の仕様に困り果てました。

「俺たち社会人だよ？（企業戦士となって戦いに行ったものが幾人無事に帰れたか……）」

と冷静を装って感慨に浸っても、

「だっておめーら、ゴミ山につっこんでたじゃねーか」

と言った調子で完全に舐められています。

結果的に何とかその場は切り抜けましたが、まさかゴミ山に倒れ伏したことが仇になるとは……。

これぞまさしく、

「酔うて沙場に臥す、君恐喝（カツアゲ）することなかれ」

なんて言っている場合じゃありません。

砂漠でも戦争でも何でもないので、大人は大人らしくおとなしく、マナーを守って慎ましくお酒を飲みましょう。

それでも大人には大人の事情ってもんがあります。今夜は倒れるまで飲むぞーというときは、甲斐甲斐しくこの詩を吟じてみるのもいいかもしれません。

＊　＊　＊

さて、最後にお酒の詩をもう一つ。秋の夜長に吟じたくなる味わい詩吟です。

■声に出して味わう歌

しらたまの歯《は》に沁《し》みとほる秋《あき》の夜《よ》の酒《さけ》はしずかに飲《の》むべかりけり

（「酒」／若山牧水）

「しらたまの」という言葉が何とも美しいイメージと響きを放っております。「しらたまの歯」でもあるし、「しらたまの酒」でもある。「しらたまの」が全体をやさしく透明に包んでいるようです。

この詩の作者・若山牧水《わかやまぼくすい》は明治十八年宮崎県生まれ。明治四十一年、二十三歳の時、早稲田大学英文学科を卒業。同年七月、処女歌集『海の声』を刊行します。翌々年明治四十三年、第二歌集『独り歌へる』、第三歌集『別離』を刊行。第四歌集『路上』はその又翌年明治四十四年、牧水二十六歳の時刊行。「しらたまの」の和歌はこの『路上』におさめられています。

この詩は、明治四十三年秋、牧水が、浅間山麓小諸の田村病院に滞在して病の治療を受けていた時の作です。彼は歌人としての名声はあがっていましたが、身体を壊していました。入院中も酒を飲んでいたほど酒好きの牧水ですが、そのような状況の中で、一人寂しく酒を飲みながら詠んでいた。静かで、いかにもしみいりそうです。

さて、この詩。秋の夜長にお酒を飲んでいたらついついぽろっとつぶやいてしまいそうなくらい語呂がいい。

なぜ、こんなにも声に出して心地よい詩なのでしょうか。

それは牧水自身が歌を歌うのが得意で、声に出して歌いながら詩を作っていたからです。実際に学生の頃から学校をさぼっては気分が高揚すると朗々と自作の歌や好きな詩句を歌いながら野をさまよっていました。また、お酒を飲んだら歌い出すのは当然のことだったそうです。

近代短歌は個人的な内容の歌が多く、大きな声に出して吟じるのにはあまり向いていない歌も多いかもしれませんが、牧水の歌は個人におさまらない、経験したこともない過去の記憶のような不思議ななつかしさがあります。自分のことでありながら自分のことでない。大きな声に出して吟じたくなるようなさっぱり感がありながら、吟ずる人の心のモヤモヤを代弁してくれるのです。

牧水の歌碑は全国各地に散らばっていて、その数は歌人の中では断然多く六十以上あるそうです。牧水が旅好きで全国を巡っていたからでもありますが、海や山に向かって風に吹かれながら、あるいは旅の途中でお酒を飲みながら、しみじみと吟じたい詩です。

荻生徂徠（1666 ～ 1728）
江戸時代中期の儒学者・思想家・文献学者である。父は五代将軍徳川綱吉の侍医・荻生景明。弟は徳川吉宗の侍医で明律研究で知られた荻生北渓。

王翰（687? ～ 726?）
中国・唐の詩人。并州晋陽（山西省太原市）の出身。豪放な性格で、酒を好み、家に名馬と美妓を集めて、狩猟や宴会に日を送っていた。

若山牧水（1885 ～ 1928）
戦前日本の歌人。早稲田大学英文学科卒。明治四十四（一九一一）年、創作社を興し、詩歌雑誌『創作』を主宰する。明治四十五（一九一二）年、友人であった石川啄木の臨終に立ち会う。

▼コラム11 ◎毎日やらなくたっていいんです♪ リラックス詩吟

詩吟は毎日やらなくてもOK。週に一回でも、月に二回でも、月に一回でもOK。自分のペースで無理なく続けられるようにすることが大切です。まずは日頃使わない声を出すことに意義があるからです。モヤモヤを吐き出すのです。声を出すとスッキリしますので、息抜きのための詩吟として稽古されている方もいらっしゃいます。

特に声が出にくい時は、がんばらないでお休みしましょう。

もし、「あー」は良く出るのに「いー」が出しにくい、という場合は、「い」の母音の多い詩吟を発表会でやるのは避けて、得意な「あ」の母音の多い詩吟を選びましょう。得意な部分を伸ばし、苦手な部分はお休み。さぼっているわけではありません。無理に頑張ろうとすると無駄に力が入って力んでしまい、喉を痛めかねません。

得意な「あ」と同じようにリラックスして「い」が出せるようになれば良いのです。まずは、「あ」をマスターして、徐々に「い」の時も「あ」のつもりで、「あ」の感覚でのどの奥に空間をあけるような意識で声を出していきます。するとあら不思議。「い」も楽に出るようになります。出しにくくても焦らずに、苦手なところはお休み、お休み。

第12章……十二月 雪――一年の締めくくりに吟じたい詩吟

■最期を明るく受け入れる詩吟

これがまあつひの栖《すみか》か雪《ゆき》五尺《ごしゃく》

（「これがまあ」／小林一茶）

【通釈】何と五尺も降り積もった雪にうずもれたこの家が、自分の生涯を終える最後の住まいとなるのか。

十二月。季節はすっかり冬。早速雪も降ってるし、寒いったらありゃしません。世間はやれ忘年会だ、大掃除だ、と騒いでいますが、コタツにこもってお鍋をつつきつつお酒でも飲んでグータラしたいんです。そんなコタツをすみかにしてしまったときに吟じたい詩吟です。

「つひの栖」とは、生前最期の場所。その周りに雪が五尺も積もっている。一尺はおよそ三〇センチですから、五尺なので一五〇センチ。そんなに積もっているのならどうせどこへも行けないし、コタツで丸くなって詩吟でも吟じていいようではありませんか、というのが私の解釈です。

しかし、実際はそんなに穏やかではなかったようです。

この句は、作者の小林一茶《こばやしいっさ》が四十八歳の時から五十六歳までの八年間に書いた、日記と俳句をセットにした書物『七番日記』の中の、文化九年、つまり五十歳の時の日記にあるものです。この頃一茶は、故郷における遺産相続問題でもめにもめていました。それがようやく落ち着き、十二月二十四日、故郷に帰ると相続でやっと手に入れた家の周りに雪が五尺も積もっていた。そのときのことを詠んだものなのです。

ところで、一茶はこの句を俳諧師《はいかいし》の先輩・夏目成美《なつめせいび》に送って、採点してもらっています。二句目で悩んだようで、二つ並べて送りました。

これがまア死《し》にどころかよ雪五尺《ゆきごしゃく》
これがまあつひの栖か雪五尺

結果、夏目成美は、「死にどころかよ」を朱で消し、「つひの栖」の方を採用し、その上に「極上々吉」と書いて最大級に賞めました。「死にどころ」も「つひの栖」も意味は同じことですが、「つひの栖」でよかったなあと思います。「死にどころ」ではとてもコタツで吟じられないです。

そういうわけで、私の解釈以前にこの句は、人生の最期を迎える「死」を「つひの栖」という言葉にしたところに成功がありました。こんなところで死ぬのか、という気持ちがあったかもしれませんが、「つひの栖」という言葉には、「死にどころ」という「死」に向かうというよりも、お気に入りの場所に落ち着いて、静かに死ぬまで生きる、という前向きの響きもあり、後々共感を得るような作品になるのでした。

小林一茶と言えば、芭蕉と並んで歴史上において俳諧師として名を残しています。芭蕉は芸術性やわびさびが特徴ですが、一茶は大衆性や可愛らしさ、というのが一般的に知られている印象です。

では、なぜ一茶の俳句には大衆性や可愛らしさがあるのでしょうか。

まず一つ目の大衆性ですが、それは当時、俳諧師は職業で、今でいうジャーナリストやコピーライターのようなものでした。ですので、時事ネタや批判もすべて俳句にしてしまうのが俳諧師の仕事でした。一茶の没後二十五年に刊行された『おらが春』も、文政二（一八一九）年の元旦から歳末までの感想や見聞を、発句をまじえて書いた随筆・発句集でした。

また、一茶は『七番日記』で日記形式というスタイルを獲得します。日常のほんの一コマや、本音などがちらりと窺えるところが、現代のブログに似ているようにも思えます。

しかし、一茶の俳句は何百年と読み継がれています。何が違うのかというと、一茶の俳句には大衆性がありながらも、芸術性があるところです。これはとても難しいことです。いったいどうしてそんな偉業が成し得たのでしょうか。

実は、一茶は読書家で勉強家でした。芭蕉と一茶が活躍したのは同じ江戸時代ですが、一茶が生まれたのは芭蕉の没後百二十年。既に俳諧の大家であった芭蕉とその流れである蕉風を一茶は愛し、一生懸命学びました。そして、一茶は芭蕉を乗り越えたかったのです。そのために一茶がしたことはというと、俳句の大量生産です。なんと、一茶の残した俳句は現存するものだけでも約二万句あります。芭蕉は約一〇〇〇句。蕪村《ぶそん》は約三〇〇〇句です。突出して尋常でない数の俳句を書いたのでした。

そして遂に一茶は革命を起こします。

「これがまあ」は日常の話ことば。「つひの栖」は歌語。「雪五尺」は事実。一茶は新しいスタイルを築いていました。一茶の句は、当時、一世を風靡した芭蕉のわびさびの蕉風とは違い、生活感に溢れたものばかりです。

たくさん作ったからといってすべてが良い作品にはならないものですが、そういう努力の仕方には目を見張るものがあります。しかも、その量産した俳句が決して難しいものや学のあるものではないし、がんばらなくちゃ、と片意地張っている感じもない。それは一茶の俳句の特徴二つ目の可愛らしさに通じます。

左の句は一茶の可愛らしい、面白みのある句の代表格です。

なむなむと名月《めいげつ》おがむ子《こ》ども哉《かな》

露《つゆ》の世《よ》は露《つゆ》の世《よ》ながらさりながら

ともかくもあなた任《まか》せの年《とし》のくれ

「なむなむ」といった擬音語や、「ながら」の繰り返しが楽しい言葉遊びのようです。「あなた任せ」というのもいい。このような特徴的な一茶の作風は、一茶がもともと浄土真宗の檀信徒で、幼い頃からお経を聞いて育ったことや、これらの俳句制作に励んだ晩年に小さな子どもと一緒に過ごしていたというのが土台となっているようです。

＊　＊　＊

さて、ずっとコタツにこもっていられるわけもなく、じゃんけんで負けてアイスを買いに外へ出てみると、吹雪いています。傘には大きな粉雪があっという間に降り積もり、ビューと冷たい風が吹き上がってきます。吹雪にうたれながらも、必死に我が子を抱きかかえ前進する常盤御前を詠んだこの詩が思い起こされます。

■絵から生まれた詩吟

雪灑笠檐風捲袂
呱呱覓乳若為情
他年鉄枴峰頭嶮
叱咤三軍是此声

雪《ゆき》は笠檐《りゅうえん》に灑《そそ》いで　風《かぜ》袂《たもと》を捲《ま》く
呱呱《ここ》乳《ちち》を覓《もと》むる　若為《いかん》の情《じょう》ぞ
他年鉄枴《たねんてっかい》　峰頭《ほうとう》の嶮《けん》
三軍《さんぐん》を叱咤《しった》するは　是《こ》れ此《こ》の声《こえ》

（「常磐孤を抱くの図」／梁川星巌）

【通釈】雪は、常盤の笠の縁に降りそそぎ、寒風は常盤の袂を巻き上げる。空腹を訴えて泣き叫ぶ牛若、どんな気持ちでいるのかわからない。時は移り、険しい兵庫県の六甲山に属する鉄拐峰上に立って、大軍を大声で指揮して平家の軍勢を打ち破った大将の大音声こそ、寒風の中で乳を求めて泣いているこの声である。

この詩は、江戸時代の女流画家・平田玉葆《ひらたぎょくほう》が描いた、「常磐孤《ときわこ》を抱《いだ》くの図《ず》」という絵をみて作られたものです。

一一五六年の保元の乱で源義朝《みなもとのよしとも》は、平清盛と後白川天皇に与して戦い、勝利をおさめましたが、三年後の平治の乱では、両者は敵味方に分かれ、義朝は敗れて討ち死にしました。追討令から逃れる為に、義朝の妾常盤御前は、今若《いまわか》、乙若《おとわか》、牛若《うしわか》の三人の子供を連れて、吹雪の中、大和路を逃れて行く――。かの常磐御前が吹雪の中、子どもたちを引き連れて都落ちをする場面。その様子を描いたのが、この詩の元ネタである「常磐孤を抱くの図」です。

この詩の作者・梁川星巌《やながわせいがん》は寛政元（一七八九）年、岐阜生まれ。十五歳で江戸に出て山本北山《やまもとほくざん》の門に入り、その中でも優れたものとして十哲の一人に数えられるほどになりました。後に、頼山陽・菅茶山・広瀬淡窓《ひろせたんそう》・釈月性《しゃくげっしょう》などと交わり、一八三四年、神田お玉ヶ池のほとりに玉池吟社《ぎょくちぎんしゃ》を開き、江戸詩壇で有名になります。その間、佐久間象山《さくましょうざん》と接したころから憂国の事にはしり、吉田松陰《よしだしょういん》らとともに国事を談じました。くしくも、攘夷論者が処刑された安政の大獄の前にコレラで没します。

星巌の妻・紅蘭《こうらん》も女流詩人として有名です。星巌は妻を連れ旅に出て、たくさん詩作しました。この詩も、旅の間に星巌夫妻が女流画家・平田玉葆の家を訪れた際にその絵をみて書いたものです。

この詩が面白いのは、絵の中で常磐御前に抱かれて泣いている乳飲み子の声は、後年、鉄枴山で三軍を叱咤する若きリーダーこと源義経その人の声だったのであーる、と成長した義経の「声」と、絵の中で聞えないはずの乳飲み子の「声」をリンクさせているところです。

それにしても常磐御前が吹雪の中頑張ったことによって、義経という立派な武将が育ったというのがこの詩の主旨です。母ちゃん頑張った詩吟。すべてのお母さんに捧げたい詩吟です。子どもを守るのが母親の務めであり、当たり前のこととして誰も褒めてはくれないけれど、この詩の作者はそういう気持ちが分かる人なのね。と言っていたのは一児の母である生徒のSさんでした。

さて、詩吟では、この詩のように「○○の図」とか「○○の図に題す」といった、歴史物の画に対して詠まれた漢詩を吟ずることがあります。今ではその画よりも漢詩が独立して詩吟として吟じ継がれています。歴史物で有名な内容ですので、他ジャンルでも語り物として伝えられていたりします。

こういった歴史物を吟ずる時は、個人の心情を景色に託して吟ずるような叙情詩とは吟じ方が変わってきます。言葉一つ一つに魂を込めるような吟じ方を叙情詩ではすることが多いですが、歴史物では、まさにその画を描くように、奏でる音（声）を、いろいろな色の絵の具、いろいろなタッチの描き方に見立て、高い低い早い遅いなどの音で表現できる緩急の変化をたくさん作っていき、この短い詩の中で深みを出していきます。詩の中での時間の経過や、背景が大きすぎるので、大げさすぎる程に場面展開である吟じ方の違いを作ることでそれを表現します。これは歌のない音楽で、音だけで表現することと似ている気がします。ですから、言葉が分からなくても大胆な抑揚と緩急で伝わるような吟じ方をします。

＊　＊　＊

さて、最後にもう一つ、寒さも吹き飛ぶ前向きで元気になる詩吟です。

■来年もがんばろうね詩吟

休道他郷多苦辛　道《い》うことを休《や》めよ　他郷《たきょう》苦辛《くしん》多《おお》しと
同袍有友自相親　同袍《どうほう》友《とも》有《あ》り　自《おのずか》ら相親《あいした》しむ

柴扉暁出霜如雪
君汲川流我拾薪

柴扉《さいひ》暁《あかつき》に出《い》づれば　霜雪《しもゆき》の如《ごと》し
君《きみ》は川流《せんりゅう》を汲《く》め　我《われ》は薪《たきぎ》を拾《ひろ》わん

（「桂林荘雑詠諸生《けいりんそうざつえいしょせい》に示《しめ》す」／広瀬淡窓）

【通釈】他郷での勉学には、苦しいこと、つらいことが多いと言うのはやめなさい。そこには一つのどてらをともに着るような、苦労を分かち合う仲間がいて自然と仲良くなるのだから。塾舎の柴の折戸を開けて外に出てみると、霜は雪のように白く降りている。さあ、君は川に行って水を汲むのだ。ぼくは山でたきぎを拾ってこよう。

【私の解釈】今年もいろいろがんばった。上京して一年。辛く苦しいこともあったけど笑って乗り越えてきたじゃない！　それもみんなが一緒にいてくれたおかげよ！　ってまだまだ年末処理が山積みで会社に泊まり込み。朝になってブラインドを開けると霜が雪のようにキラキラ私たちを照らし出す。さあ！　君はファックスを送って。私はコーヒーを淹れるわ。

詩の主旨を簡単に要約すると「一緒に頑張ろうぜ！」という詩です。
詩の後半は冬の朝の景色を詠んでいます。柴の扉を開けると朝日が昇って眩しい。霜は雪のように白く光っている——。朝日とそれに反射する霜がキラキラと光る様子。凍てつくような冬の朝の寒さの中、手分けして水を汲み、薪を拾う様子が目に浮かびます。

作者の広瀬淡窓は江戸後期の儒者で、豊後日田（現在の大分県日田市）に咸宜園《かんぎえん》という明治に通じる教育の土台となる漢学塾を創設した人です。咸宜園はいわば巨大な寺子屋です。咸宜園の「咸宜」とは「ことごとくみなよろし」という意味で、塾生の年齢、学歴、家位は問わず、多くの人がここで学ぶことができました。

咸宜園では、カリキュラムは徹底して作られており、上田利男著の『夜学——こころ揺さぶる「学び」の系譜』（人間の科学社）によると、「咸宜園の学科は、四書、五経、諸子、和漢の歴史、詩文などであるが、学力の程度に応じて、これを素読、輪読、会読、講義、質問、推敲といった方法で学習することになっていた」「月旦評と呼ばれる評価システムを導入し、学力のすぐれた者をテストによって上位にランク付けしながら、向上心を競い合わせた」「毎月線香二本を焚く間に指示された二〇〇文字を書くとか、線香三本が燃えつきるまでに、与えられた課題の詩文をつくるといった試業が実施された」など、とても厳しいものでした。

しかし淡窓は、毎月塾生一人ひとりと面接し、個別指導をしたり、夜食をともにしながら夜中まで語り合ったりと、塾生との関わりを大切にしていました。思いやり溢れる淡窓は、故郷を離れ、泊まり込みで勉学に来ている塾生たちを励ますために、この「桂林荘雑詠諸生に示す」という漢詩を作りました。桂林荘とは、咸宜園のことです。

また、実際に新入生が来るたびに、もともといる門下生たちがこの詩を吟じて迎えました。

淡窓は詩吟のルーツとも言われている人の一人です。咸宜園で学んだ塾生が、後に各地で人材育成に貢献したとともに、淡窓流の詩吟も全国各地へと広まっていきました。実際に淡窓に直接学んだ人は二九〇〇名余り。その後、九代にわたり明治三十年の廃絶までには五〇〇〇名余りがここで勉学に励みました。

■「生きててよかった〜」と思うこと

広瀬淡窓の詩を、塾生たちがみんなで吟じていたかと思うと微笑ましい気持になります。こういうときは決まってアレを歌う、などのお決まりがあると、張り切るし、楽しみにもなります。「またか〜」と気だるく思ったとしても、始まってしまえば思いっきり大きな声で吟じてしまう。そうすると不安や苦心も吹き飛んでしまったのではないでしょうか。

詩吟のいいところは、詩吟を吟じているときは、自分だけの時間、空間が持てるところです。むしゃくしゃしていても詩吟をすれば頭がスッキリする。

では、詩吟の一番の魅力とは何でしょうか。

私が尊敬する岳智会の初代会長・故伊藤岳智先生は、詩吟についてこう述べています。

緑に覆われた美しい山、水清き川の流れ、澄みきった空、日本は四季の変化に恵まれている。しかも、長い間の歴史や文化は、それぞれの時代特有の歴史的性格を持ちながら、現代のわれわれの考えや生活に強い結びつきを持っている。

「古今の名詩秀歌に接し、自ら吟じてみる」。これは、単に趣味的な鑑賞の対象ではなく、それが自身を支える力となり、導く光となるであろう。この喜びこそ、人類のみに与えられた幸福である。

(『伊藤岳智編　吟詠テキスト　初級』岳智会)

それぞれの時代の考え方や詩は、現代に通じるし、むしろ強い結びつきがある、ということ。それは私たちのルーツであるし、根本的な大切なことを教えてくれる。そしてそれらの歴史・文化が今も残っているということ、自ら吟じることができるということに、幸福があり、喜びが生まれ、自信につながるのだということ。

詩吟をやっていて良かったと思うときは、大きな声で吟じた後に、

「生きててよかった〜」

と感じることができることです。身体が響いて熱くなっていて、自分という生き物が生きていることを実感できるのです。

また、ちょっとずつできなかったことができるようになったとき、たとえば、声で空気の膜を破るような瞬間に、自分に覆い被さっていた殻を破り、新たに生まれ変わったような成長を、

身をもって感じることができたときも、

「生きててよかった〜」

と感じます。

それがまた、明日への活力になるのです。

＊　＊　＊

さて、十二月で一年の締めくくり。詩吟で冬の寒さも吹き飛ばすも良し。寒さを味わうも良し。そうしたらきっと、「来年はよい事あるごとし」。

小林一茶（1763〜1828）
江戸中〜後期に活躍した俳諧師。信州（長野県）柏原の農家に生まれ、十五歳で江戸に出て奉公生活を送る。二十五歳の頃から葛飾派に入門し、夏目成美と親交があった。一茶の家庭では亡父の遺産をめぐる継母・義弟との抗争があったり、結婚してからも、三男一女の子どもたちは相次いで夭折したり、あるいは火災で家まで失うという不幸がついてまわった。句にはその体験から詠まれたものが多い。編著には『おらが春』『父の終焉日記』等がある。

梁川星巌（1789～1858）
江戸時代後期の漢詩人。美濃（岐阜県）の人。名は孟緯、星巌はその号。江戸に出て玉池吟社を主宰し、詩人として知られた。のち京都に移り、尊皇をとなえ、攘夷を説いて国事に奔走した。著には『星巌集』その他がある。

広瀬淡窓（1782～1856）
江戸時代の教育者。豊後（大分県）の人。名は健。字は子基。淡窓また蒼陽とも号した。亀井南冥に学び、帰郷して咸宜園（桂林荘）を開いて子弟の教育に当った。門下生の数は四〇〇〇人に上ったといわれている。

実践編

詩吟道場——簡単、呼吸&発声法入門

1　まずは声を出してみる——大きな声を出してストレス解消!

普段大きな声を出す機会ってほとんどないですよね。どうやって出すんだっけ……?　なんて迷われてしまう方も多いはず。しかもちょっと恥ずかしいですよね。まずはちょっと勇気を出して、思いっきり声を出してみましょう。

方法その1:「ヤッホー」で解放

・山の頂上にたどり着きました。絶景の見晴らしです。

・遥か向こうの山に届くようなつもりで「ヤッホー」と叫んでみましょう。

・ボールを投げるように声と同時に手と身体を投げ出してもＯＫ。

どうですか？　大きな声は出ましたか？最初から大きな声が出なくても大丈夫。エンジンがかかるまで何度か試してみましょう。声を出した後に、出た感とスッキリ感があれば成功です。詩吟はこの「ヤッホー」の声の出し方と同じです。つまり、詩吟は地声でうたいます。ポップスやオペラのように裏声は使いません。きれいな声でなくてもいいんです。赤ちゃんの産声のような、本来持っている声が出せればＯＫです。

2　かんたん発声方法――ヨガ詩吟でお腹から声が出る！

さて、声は出たけど、でもちょっと喉のあたりがスッキリしない、思うように声が出ないという方もいらっしゃるのではないでしょうか。

詩吟ではよくお腹から声を出すと言いますが、お腹に口がついているわけでもないのに、どうやってお腹から声を出すのでしょうか。

あまり難しいことは考えず、かんたんに〝お腹から声を出す〟方法をご紹介します。

方法その2：ヨガ「立木のポーズ」詩吟

・左右どちらかの足のかかとに重心をおいて一本足で立つ。
・もう片方の足は、重心の足にそえる。
・胸の前で合掌。
・合掌を頭の上に引き上げる。
・一本の木になったつもりで、グッと身体を上へ引き上げる。

・肩の力をゆるめる。

ポイント：おへそを縦に伸ばし、みぞおちの下あたりを意識する。お尻の穴をキュッとしめて、尾骨を床にむけるようにする。

この状態で「ヤッホー」と大きな声を出してみてください。とっても楽に声が出たのではないでしょうか。パーンと破裂するような感覚。これがお腹から声が出たというものです。

詩吟の練習はもちろん、人前での発表やスピーチにも、この立木のポーズで練習すると大変効果的です。声が楽にでるばかりでなく、肩の力みがとれ、緊張からも解放されるので、リラックスしてベストな力を発揮する訓練にもなります。

しかも、この「立木のポーズ」を行うと、ヨガでも詩吟でも必須な**体幹**が鍛えられます。体幹とは、身体の軸、中心のことです。スポーツでは特に、体幹の使い方が重要とされています。スポーツ以外の場でも体幹を意識しながら行動したり生活したりすると、疲れのたまりにくい健康な身体が維持できます。そして何より楽に声が出せるようになりますので、詩吟がより楽しめるようになります。

ヤッホー

3 腹式呼吸法——腸が活性化して健康や美容効果にも！

詩吟は腹式呼吸で行います。丹田呼吸ともいいます。丹田とは、おへそのちょうど五〜九センチ下あたり、背中に向かって五センチくらい奥の場所。臍下《せいか》丹田とも呼ばれます。ここを意識して息を吐ききってから自然に吸う呼吸法です。

方法その３：腹式呼吸法

・足を肩幅くらいにひらいて、足の内側を平行にする。
・両手のひらの親指をおへそにあて、下腹部全体に手のひらをそえる。
・息をゆっくり細く長く吐いていく。同時に下腹部の中（丹田）を下の方に押し付けるようにする（十秒）。
・吐ききって息を止め二秒キープ。腹圧をかけ、丹田を固く締める。
・口をぱっと開きお腹を一気にゆるめ三秒間キープ。息が自然と口から入ってきます。息をたっぷり吸った感はないのですが大丈夫。お腹まわりが自然とふんわりと膨らむのを

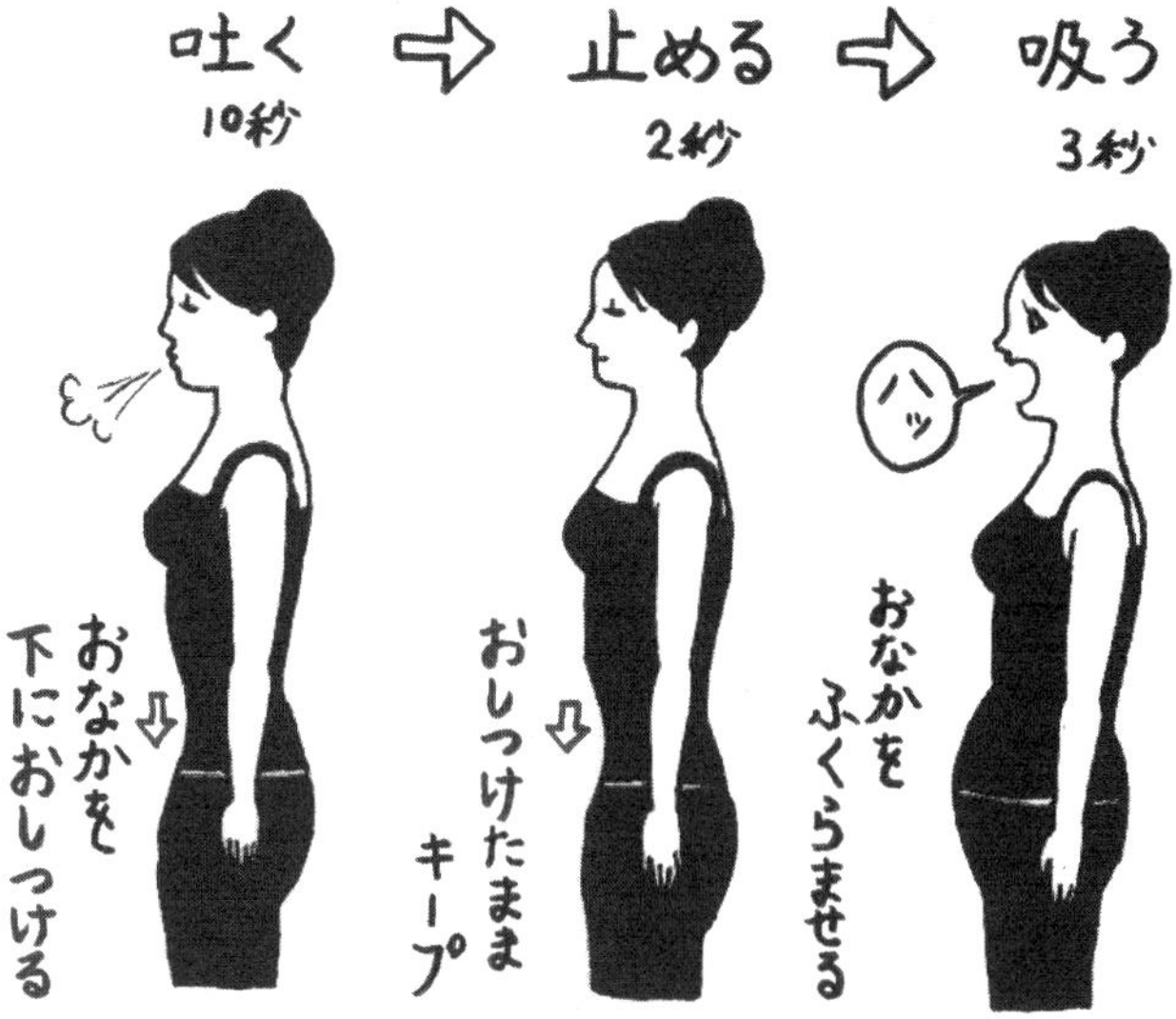

感じましょう。

※これを六回繰り返す。

目を閉じて呼吸に意識を向けて行いましょう。吐く息が頭のてっぺんから出て空にのぼっていくイメージです。次第にだんだんと身体が温まってきます。また、心と身体が落着いて集中力が高まります。

大きく胸が動いたり、肩が上がったりした場合は、腹式呼吸が上手くできていない証拠です。鏡などを見ながら、肩が上がっていないか確かめながら行うと良いです。

初めのうちは、詩吟と呼吸法を同時に行うと、やることが増えてごちゃごちゃしてしまいますので、まずは、別々に行いましょう。

詩吟のレッスン前や、普段の生活の中でやってみます。仕事中でも電車の中でも、フーッと息を少しずつ吐きながら丹田を意識してみましょう。

そして、だんだんと腹式呼吸に慣れていきましょう。丹田の意識と声を出すことを連動させていき、最終的に詩吟を吟ずる際に、自然と腹式呼吸になることを目指しましょう。

腹式呼吸を行うと深い呼吸になるので、声が長く続くようになります。また、横隔膜を動かすことで内臓が上下して腸が活性化し、健康や美容効果にもつながります。

4　詩吟の基本姿勢——姿勢が良くなってキレイにスタイルアップ！

良い声は姿勢から。姿勢が良くなければ良い声は出ません。

方法その４：基本姿勢

・背中から首の後ろを長くする。
・あごをひく（視線は残してまっすぐ前）。
・肩をギューッと上に引っ張ってストンとおろす。

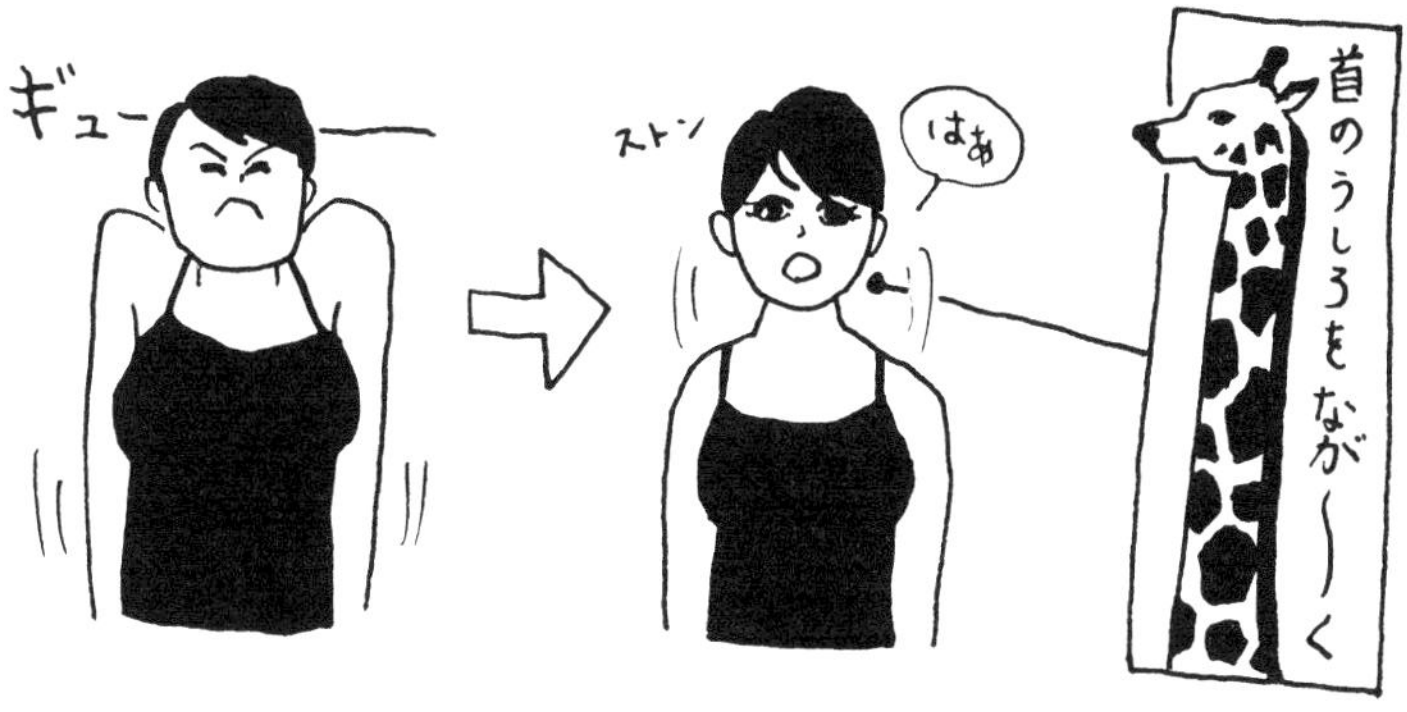

姿勢を良くすることで、声が出やすくなるだけでなく、見た目がとっても美しくなります。普段の一・五倍です。見た目も良くなって声もよく出る。一石二鳥です。

普段の生活の中でも気が付いたら「背中を長くあごをひく……」とやってみましょう。

5 母音の口の形――詩吟で小顔に⁉ 表情筋を動かして顔のストレッチ

詩吟は言葉の語尾の母音を長く伸ばしたり、揺らしたりするのが特長です。日本語の母音は「あ・い・う・え・お」の五つです。「ん」以外は、どんな言葉もこの五つのどれかに基づいています。ですのでこの五つの口の形をしっかりつくると、声がきれいに響いてくれます。

あ　え　い　お　う

方法その5：口の形をキープ

・「あ」……少し大きめに縦に開ける。
・「え」……「あ」の口を少しつぶす。
・「い」……軽く口角を左右にひく。力まず、自然な「い」をつくる。
・「お」……息を吸い込むように口を縦にして突き出す。
・「う」……「お」の口を少しつぶす。

ポイント：「お」と「う」は口先をアヒルのようにそらします。ちょうどラッパの音が出る部分である顔全体が、魚のように前に突き出している開いているイメージです。音の出る部分が小さくなるので声がやや小さくなったように感じますがそれでOK。ここで肩などをリラックスさせておくと、丹田の力が「ボクの出番ですな！」と働き始めてくれます。

エクササイズ：それぞれを長く伸ばしていき、音程をかえたり、ボリュームをかえたり、ゆらしたりしても口の形がそのままで動かないようキープさせる。

6 吟ずるときの目線――目ヂカラアップ！ 目線で声が美しくなる!?

目が歌っているのではないかと思うほど、目線は声の出方を左右します。目がパッチリ開いていれば声も出やすくなりますが、伏し目がちだと声も伏せたような音になってしまいます。眉間にしわがよっていれば、喉もしぼられてしまいます。

方法その６：良い声の目線

・目を大きく見開く。
・あごをひく。
・少し上目遣いで真っ直ぐ前の遠くの空間を見つめる。

見開いた目を通って頭のてっぺんを通過し、空間いっぱいに声が広がるイメージです。声が出にくいなと思ったときは、眉間にしわがよっていることが多いですから、眉毛を両端上からひっぱるようにして眉間のしわを伸ばし、目をぐっと見開いてみましょう。声が俄然出しやすくなります。

目がしっかり開いているとキラキラして見えます。目がキラキラしているとどんな人でもステキに見えちゃうなんてことも……。普段の二倍！　良い声も出て見た目も良くなる、さらに姿勢も良くなるので一石三鳥です。

目はパッチリ♥
アゴをひく
まっすぐ先の空間を見る

あとがき

詩吟について興味を持っていただけたでしょうか。もし、少しでも「面白そうだな」と思っていただければ、とても嬉しく思います。

そもそも、本書を執筆するきっかけは、詩吟を広く知ってもらいたいということでした。現在、まったくの初心者に向けた「とにかくわかりやすい詩吟入門書」というものが、ほとんどありません。漢詩の解説本はあっても、歌の発声法とは一緒になっていませんし、また、古典の詩と日常とをからめて紹介する書籍も多くはありません。詩吟を知りたい人にとって入門しやすい指南書がないという状態だったのです。

そこで、本書では「詩そのものの解説」、「日常での楽しみ方」、「歌の発声法」という三つの視点から、詩吟そのものを照らし出してみました。

詩吟は高齢者の趣味、難しいもの、と思われがちですが、そんなことはありません。ただ、詩吟に触れる機会のハードルがこれまで少し高かったのだと思います。ですから、本書で詩吟に初めて接する方と同じ目線に立ち、私にとって詩吟のどこが面白く、また魅力的で、奥深さを感じているのかをお伝えしようと心掛けました。

私は両親の影響で物心つく前から詩吟をやっていましたが、当時から詩吟は世間的にあまり知られておらず、衰退の一途をたどっていました。そこで、自分がこれほど夢中になっている「詩吟」は面白い（そしてけっこう凄い！）ということをアピールするために、ブログを書いたり、ライブハウスでロックバンドとの対バンをするなど、地道にこつこつ努力を重ねてきました。

現在では、教室に来てくださる生徒さんを含めて、詩吟をやってみたいという声が少しずつ私のもとに届けられるようになりました。近年、改めて日本人が日本を知る、というような伝統文化を見直す気運もあり、そこに関心を持つ人も増えています。ですから、詩吟に対するニーズもいま、高まっているはずなのです！

詩吟で吟じられる詩は日本屈指の名詩です。そのような詩を気軽に各々の観点で楽しむことができるのが詩吟の魅力なのです。そして、こころとからだのバランスが必要な現代社会において、詩吟が若い世代になじみやすいものになり、また、幅広い世代にとって気軽に学べる伝統文化のお稽古事として、日本から世界に広まっていけば本望です。

＊＊＊

最後に『詩吟女子』というタイトルについて。

私はとても女子と言える年齢ではありませんが、詩吟を生徒として学んでいた二十年間は「女子」でしたし、その頃感じたことやエピソードがこの本の骨幹となっています。

さらに、最も詩吟に縁遠い若い女性にも読んでもらい共感を得られたら、という希望も込めています。

とはいえ「女子」という言葉に引け目を感じる女性や、嫌悪感を覚える男性が多いことも知っています。ですから、タイトルについてはとても悩んでいました。

しかし、ある時、七十近くになる母が、

「今度みんなで女子会やるの〜」

と楽しそうに言っているのを聞いたとき、とても元気をもらいました。詩吟の師範を長く努める彼女から発せられた「女子」という言葉に、生命力と力強さを感じたのです。

『詩吟女子』という本書のタイトルから、歴史や伝統、吟ずる人々の思いによって詩吟が綿々と受け継がれてきた、そのエネルギーが伝わればよいなと思っています。


本書執筆に際して、多くの方々にお世話になりました。

日本詩吟学院認可岳智会会長・伊藤岳思先生、詩吟の先輩方々。ナチュラル詩吟教室の生徒さんたち。書籍化を最初に提案してくださり、アドバイスもいただいた大谷能生さん。エピソードの掲載をご快諾いただきました柳家三三師匠。本の装丁をしてくれた美柑和俊さん。イラストを書いてくださった平井さくらさん。ＣＤ収録でお世話になった曽根信敏さん。書籍を担当してくれた春秋社編集部の江坂祐輔さん。

そして、つらいときも楽しいときもいつも応援してくれたエリちゃん始め大切な友人たち。

最後に、詩吟の師匠である母と支えてくれた父に。本当にありがとうございました。

二〇一四年一月

乙津理風

改訂版刊行にあたって

本書を手に取っていただきありがとうございます。

かねてより、「いつか詩吟の漫画が出たらいいな〜」と夢を描いていましたが、遂に夢が叶いました。なんと、拙著『詩吟女子』にインスパイアを受けたという漫画『詩吟《ぎん》じませ』がFODプレミアム（フジテレビジョンが運営するビデオ・オン・デマンドおよび電子書籍・コミック配信サービス）及びコミックシーモアにて、令和六年十一月より配信が開始されました。

これを受けて、本書刊行より十年余りの歳月を経て、漫画家・山基仮名先生のイラスト帯による改訂版として刊行される運びとなりました。

改めまして、本書執筆に際して、参考とし勉強させていただきました書籍を執筆された先生方、先人の方々に深く感謝申し上げます。

本書を改めて読み返しますと、表現の拙さや思慮の浅さが目につき、若さゆえの不勉強で間違いもございました。お恥ずかしい限りですが、当時はとにかく詩吟を広めたいという一心でがむしゃらでした。この十年で経験を積み、新たな気づきや学びがたくさんあり、詩吟は奥が深くまだまだ勉強が足りないと感じています。ただ、二十代から執筆を始めた本書の熱と意気は、今も私を励ましてくれます。そのような次第で、荒削りながら一生懸命であった当時の情熱を大切にしつつ、今回、気になる箇所には修正を施しました。どうかお汲み取りください。

改訂版の刊行にあたっては、修正などさまざまな作業において、春秋社の豊嶋悠吾編集部長に大変お世話になりました。ありがとうございました。また、帯のイラストをご提供くださった漫画家の山基仮名先生に厚く御礼申し上げます。

なお、旧版はＣＤ付きで掲載の詩吟の一部をご視聴いただけましたが、この度、新たに録音をし直し、インターネット上にて、無料で公開しています。より手軽に詩吟をご視聴いただけるようになりましたので、ぜひ、本書と併せてご鑑賞ください（巻末のＱＲコードをご参照ください）。

令和七年一月吉日

乙津理風

参考文献

日本詩吟学院『吟詠教本　漢詩篇』（笠間書院）
日本詩吟学院『吟詠教本　漢詩篇（二）』（大修館書店）
日本詩吟学院『吟詠教本　漢詩篇（三）』（大修館書店）
日本詩吟学院『吟詠教本　和歌・今様・俳句・新体詩篇』（笠間書院）
日本詩吟学院『朗詠集　和歌・俳句・近体詩（新体詩）』（学燈社）
日本詩吟学院「木村岳風」編集委員会『木村岳風』（日本詩吟学院）
伊藤岳智作譜・岳智会詩歌選『伊智吟鈔①〜④』（岳智会）
伊藤岳智編『吟詠テキスト　初級』（岳智会）
日本吟剣詩舞振興会編『吟剣詩舞道漢詩集〈律詩・古詩編〉』（日本吟剣詩舞振興会）
日本吟剣詩舞振興会編『吟剣詩舞道漢詩集〈絶句編〉』（日本吟剣詩舞振興会）
日本吟剣詩舞振興会編『吟剣詩舞道漢詩集〈続・絶句編〉』（日本吟剣詩舞振興会）
妻木正麟『詩吟・剣舞読本』（日本文芸社）

平塚皎宇山『吟詠と音の関係について』（新日本音楽出版社）
安東次男『与謝蕪村』（講談社）
安藤英男『日本漢詩百選』（蒼土舎）
石川忠久『漢詩の世界』（大修館書店）
石川忠久『漢詩の楽しみ』（時事通信社）
一海知義『一海知義著作集　9　漢詩の世界Ⅲ』（藤原書店）
伊藤信吉『伊藤信吉著作集　第二巻』（沖積舎）
伊藤信吉『現代詩鑑賞講座〈第12巻〉明治・大正・昭和詩史』（角川書店）
井本農一『良寛（上・下）』（講談社）
入谷仙介『江戸詩人選集　第8巻　頼山陽・梁川星巌』（岩波書店）
大岡信『若山牧水――流浪する魂の歌』（中央公論新社）
大原富枝『梁川星巌・紅蘭――放浪の鴛鴦』（淡交社）
沖本幸子『今様の時代――変容する宮廷芸能』（東京大学出版会）
荻原井泉水『一茶名句』（社会思想社）
垣花秀武『奇会　新井白石とシドティ』（講談社）

桂米朝『落語と私』(文藝春秋)
金子兜太『金子兜太集　第二巻　小林一茶』(筑摩書房)
上宇都ゆりほ『源平の武将歌人』[コレクション日本歌人選](笠間書院)
河上徹太郎編『萩原朔太郎詩集』(新潮社)
河盛好蔵編『三好達治詩集』(新潮社)
北村薫『夜の蝉』(東京創元社)
久保田正文編『石川啄木歌集』(旺文社)
小山順子『藤原良経』[コレクション日本歌人選](笠間書院)
島崎藤村『藤村詩集』(新潮社)
島崎藤村『初恋――島崎藤村詩集』(集英社)
杉浦明平『天下太平に生きる――江戸のはみだし者』(筑摩書房)
鈴木史楼『百人一書――日本の書と中国の書』(新潮社)
鈴木日出男『万葉集入門』(岩波書店)
谷川敏朗『良寛全歌集』(春秋社)
谷川敏朗『良寛の生涯と逸話』(恒文社)
土井晩翠・薄田泣菫・蒲原有明・三木露風『日本の詩歌(2)』(中央公論新社)
土岐善麿『鶯の卵』(春秋社)

日本文学研究資料刊行会『近代詩——北原白秋・室生犀星・山村暮鳥・三好達治（日本文学研究資料叢書）』（有精堂）
野口武彦『荻生徂徠——江戸のドン・キホーテ』（中央公論新社）
萩原朔太郎他『筑摩現代文学大系33　萩原朔太郎・三好達治・西脇順三郎集』（筑摩書房）
橋本治『これで古典がよくわかる』（筑摩書房）
樋口昌夫『芭蕉の俳句をこう見る』（俳句研究社）
尾藤正英『日本の名著（16）　荻生徂徠』（中央公論新社）
藤一也『島崎藤村の仙台時代』（萬葉堂出版）
古谷綱武編『石川啄木集　上』（新潮社）
前野直彬・石川忠久編『漢詩の解釈と鑑賞辞典』（旺文社）
松浦友久『詩歌三国志』（新潮社）
松岡正剛『外は、良寛。』（芸術新聞社）
松尾芭蕉／板坂元・白石悌三　校注・現代語訳『おくのほそ道』（講談社）
三木麻子『源実朝』［コレクション日本歌人選］（笠間書院）
吉海直人監修『百人一首大辞典』（あかね書房）
吉川幸次郎『吉川幸次郎全集23』（筑摩書房）
吉野秀雄『良寛歌集』（朝日新聞社）

吉原幸子（詩）・中田由見子（画）『マンガ百人一首』（平凡社）
輪島裕介『創られた「日本の心」神話――「演歌」をめぐる戦後大衆音楽史』（光文社）

【ナチュラル詩吟教室のご案内】

ナチュラル詩吟教室では、初心者から子ども、老若男女向けのレッスンを開催しております。

場所：東京都渋谷区千駄ヶ谷 1-23-7　大東会館　5 階道場
お問い合わせ：下記ホームページよりお問い合わせ下さい。

①好きな日時に予約ＯＫ！

——月１回でも可能、お得なチケット制

遠方にお住まいの方、お忙しい方、習い事に追われるのはちょっと……という方でもご安心ください。いつでも習いたいときにご予約いただけます。

②初心者の方歓迎！

——マンツーマンレッスン or 少人数グループレッスン

未経験の方こそぜひいらしてください。親切・丁寧に指導します。大きな声を出せるようになりたい、段位や資格を取得したいなどのご要望にもお応えします。

③都心だから通いやすい！

稽古場は各路線アクセス豊富な千駄ヶ谷。最寄りの北参道駅からは徒歩 5 分です。周辺には将棋会館、国立能楽堂、東京体育館、国立競技場など文化施設も多数あります。

▼ホームページ（無料体験レッスン随時開催）
https://natural-shigin.com/

【著者略歴】

乙津理風（おつ・りふう）

1981年生まれ。詩吟師範。5歳より詩吟を始め、数々の全国吟詠コンクール決勝大会出場。20代で渋谷にて「ナチュラル詩吟教室」を開始。落語家・柳家三三氏や舞台俳優への詩吟指導、マサチューセッツ大学での詩吟ワークショップ、詩吟ボーカルをつとめる音楽ユニット「neohachi」での国内外ライブ、CDリリースなど多角的に活動。2023年、日本コロムビア全国吟詠コンクール3位受賞。著書に『大声のすすめ。：和の発声法で伝わる話し方』（晶文社）。

掲載曲のご視聴はこちらから。

詩吟女子——センター街の真ん中で名詩を吟ずる

2014年2月20日　初　版第1刷発行
2025年2月20日　改訂版第1刷発行

著　者——乙津理風
発行者——小林公二
発行所——株式会社 春秋社
東京都千代田区外神田2-18-6（〒101-0021）
電話 03-3255-9611　振替 00180-6-24861
https://www.shunjusha.co.jp/
印刷・製本　萩原印刷 株式会社
装　幀——鎌内　文

ISBN 978-4-393-43664-6

定価はカバー等に表示してあります